Lawrence J. Crabb

In guten wie in bösen Tagen

Lawrence J. Crabb

'In guten wie in *bösen* Tagen'

Brunnen-Verlag Basel und Gießen
BAO – Biblische Ausbildung am Ort, Wien

ABCteam

ABCteam-Bücher erscheinen in folgenden Verlagen:
Aussaat- und Schriftenmissions-Verlag Neukirchen-Vluyn
R. Brockhaus Verlag Wuppertal
Brunnen-Verlag Basel, Gießen (und Brunnquell Verlag)
Christliche Verlagsanstalt Konstanz
(und Friedrich Bahn Verlag/Sonnenweg Verlag)
Christliches Verlagshaus Stuttgart
(und Evangelischer Missionsverlag)
Oncken Verlag Wuppertal

Titel der amerikanischen Originalausgabe
„The Marriage Builder"

Übersetzung: Martin Reischl, BAO Wien
2. Auflage 1992

Umschlag: Klaus Harald Wever
Herstellung: Clausen & Bosse, Leck

ISBN 3-7655-2433-6

Inhalt

Einleitung

Salomo schrieb: „Gibt es etwas, von dem man sagen könnte: ‚Sieh, das ist neu‘? Längst schon ist es dagewesen in den Zeiten, die vor uns waren“ (Prediger 1,10).

Schon wieder ein Buch über die Ehe! Was kann es wohl Neues bringen? Wäre es nicht an der Zeit, mit dem Bücherschreiben aufzuhören und endlich das zu praktizieren, was wir schon lange erkannt haben? Was nützt es, die ewig gleichen Wahrheiten in immer neue Worte zu kleiden, solange wir nicht bereit sind, gehorsam zu sein? Sollten wir nicht, mit dem Seufzer Salomos auf den Lippen, die endlose Ehediskussion ein für allemal beenden?

Oft habe ich mir vorgestellt, wie der weise, aber müde gewordene israelitische König einen modernen christlichen Buchladen durchstöbert auf der Suche nach Hilfe für seine vielen zerbrochenen Ehen. Vor meinem geistigen Auge sehe ich, wie er Dutzende Bücher durchblättert, deren Titel eine grundlegende Erneuerung der Ehe verheißen, bis er sich enttäuscht abwendet und in seinen grauen Bart murmelt: „Des vielen Büchermachens ist kein Ende, und viel Studieren macht den Leib müde“ (Prediger 12,12).

Tagträume wie dieser zwingen mich zu einer Erklärung, warum ich trotz Salomons Seufzer nicht davor zurückgeschreckt habe, „noch ein Buch über die Ehe“ zu schreiben.

In der Seelsorge erlebe ich oft Männer und Frauen, deren Beziehung so festgefahren ist, daß kaum noch Hoffnung besteht, wieder zu einer echten, befriedigenden Nähe zu finden. Sooft ich vor einer Gemeinde predige, sehe ich vor mir die gläubigen Ehepaare, die aus einem gemeinsamen Liederbuch den Herrn loben für die Gabe des ewigen Lebens. Dennoch scheint mir, als erlebten nur wenige von ihnen eine befriedigende enge Gemeinschaft. Dabei sind die meisten ernsthafte Christen, die meinen, sie täten ihr Bestes, um ihre Ehe nach biblischen Gesichtspunkten zu führen.

Warum finden sich in so vielen Ehen Spannungen, Bitterkeit, innere Ablehnung, seichte Befriedigungen, pure Gewohnheit und kurzlebige Romantik? Warum fällt es auch mir oft so schwer, in der Ehe Erfüllung zu erleben? Warum bin ich selbst nach ernsthaften Gebeten und schonungsloser Selbstprüfung oft nicht sicher, wie ich meiner Frau begegnen soll? Gibt es echte Antworten, die zu einer guten Beziehung beitragen? Oder müssen wir uns damit zufriedengeben, nach außen zwar davon zu reden, daß Gott einen Plan für die Ehe hat, während wir uns insgeheim fragen, warum diese heiligen Prinzipien in der Praxis nicht funktionieren? Mancher hat schon Dutzende von Büchern über Ehe- und Familienfragen gelesen. An Vorträgen und Seminaren mangelt es ebenfalls nicht, und der Segen Gottes ist durchaus spürbar! Und doch bleibt ein Wermutstropfen. Irgend etwas stimmt nicht. Warum nur?

Ich glaube, daß die Antwort auf diese brennenden Fragen teilweise in bestimmten Denkvoraussetzungen liegt, die wir bezüglich der christlichen Ehe angenommen haben. Diese mögen bis zu einem gewissen Grad wahr sein, was freilich nur den zugrundeliegenden, gefährlichen Irrtum verschleiert. Ein Großteil der christlichen Gemeinde hat sich unbewußt einem falschen Denken hingegeben, das alle wahre Lehre über christliches Familienleben, sozusagen durch die Hintertür, zunichte macht. In der Seelsorge an Ehepaaren, die es zu ihrem eigenen Erstaunen nicht fertigbringen, eine funktionierende Ehe zu führen, stelle ich zumeist eine oder mehrere der folgenden Denkvoraussetzungen fest:

1. Da ist einmal die Vorstellung, *die Bibel führe sämtliche komplizierten Fragen auf wenige, leicht lösbare Grundprobleme zurück*. Diese Ansicht beunruhigt mich am meisten. Wir leben in einer Zeit der „Sofortlösungen“. Eine Tablette verwandelt eine unruhige Nacht in erholsamen Schlaf. Im Fernsehen begegnen wir häufig Familienproblemen, die sich innerhalb von fünfundvierzig Minuten in Wohlgefallen auflösen. Mir scheint, viele von uns erwarten auch für die eigenen Eheprobleme rasche und einfache Lösungen, als könne eine verfahrene Beziehung wie durch Zauberhand zurechtgerückt werden.

Mitschuldig daran ist wohl die Tendenz vieler Psychologen und Eheberater, einen sündigen Lebenswandel als das verständliche Ergebnis komplizierter psychischer Vorgänge zu interpretieren. Es ist bedauerlich, wie auch viele christliche Psychologen mehr von unterbewußten Motiven und emotionellen Traumata sprechen als von Sünde und Verantwortung. Sie untergraben damit die biblische Lehre, daß wir uns bewußt für die rechte Lebensweise entscheiden müssen. Viele Christen, zu denen auch ich mich zähle, wehren sich entschieden gegen jeden Versuch, sündiges Verhalten als entschuldbares Produkt psychischer Kräfte darzustellen. Als Folge davon sind die Christen in zwei Lager gespalten: Die einen konzentrieren sich auf die Kompliziertheit der menschlichen Psyche. Für sie sind sündige Verhaltenssweisen weniger die Folge von Auflehnung und Unglauben als das Symptom einer emotionalen Störung. Den anderen geht es um bewußte und willentliche Entscheidungen. Für sie ergeben sich alle Probleme einzig aus bewußten sündhaften Handlungen.

Nörgelt ein Ehemann an seiner Frau herum, so stellt sich für die Vertreter der zweiten Ansicht nur die Frage, ob der Mann bereit ist, den alten Menschen mit seiner fleischlichen Bitterkeit abzulegen und den neuen anzuziehen, der von Liebe und Sanftmut geprägt ist. Begegnet er seiner Frau nicht im Sinne Christi, so ist dies kein Resultat eines psychischen Ungleichgewichts, sondern beweist sein Festhalten an der Sünde. Die Anhänger der ersten Sichtweise würden sich hingegen eher mit seinen Gefühlen der Unzulänglichkeit, seiner Frauenfeindlichkeit und anderen psychischen Faktoren befassen, um herauszufinden, was zu seinem unangemessenen Verhalten geführt hat.

Ich selbst spreche mich rückhaltlos gegen jede Denkrichtung aus, welche die persönliche Verantwortung des Menschen untergräbt. Grundsätzlich stehe ich auf seiten derer, die den einzelnen für verantwortlich halten, gottgewollte Lebensmuster an den Tag zu legen. Freilich befürchte ich, unsere neuerliche Betonung verantwortlicher Entscheidungen könnte einer recht oberflächlichen Sicht der Sünde Vorschub leisten, indem Sünde nur als falsches Verhalten definiert wird. Sollte das Problem aber lediglich in unserem Verhalten liegen, wäre die Lösung aller Konflikte in der Ehe recht einfach: Finde heraus, was du falsch machst, und entscheide dich dafür, künftig richtig zu handeln. Ändere dein Verhalten; gib deine unbiblische Handlungsweise auf und handle so, wie Gott es will.

Natürlich ist es ohne Gehorsam unmöglich, geistlich zu wachsen. Wer die Bedeutung des Gehorsams betont und sich jeder Tendenz entgegenstellt, welche die Notwendigkeit des Gehorsams abschwächt, steht auf festem biblischen Fundament. Wer das Sündenproblem jedoch zur Gänze auf willentliche Gehorsamsschritte zurückführt, verschließt sich dem Verständnis für die Kompliziertheit des menschlichen Seins, wie sie in der Bibel offenbart ist.

Naive Aufforderungen, sich für das Tun des Guten zu entscheiden, provozieren bloß äußerliche Veränderungen ohne inneren Wandel (siehe 2. Chronik 34,33; 7,3–4). Geistliches Wachstum läßt sich nicht darauf reduzieren, richtig handeln zu lernen. Zum Gehorsam gehören auch andere Aspekte der menschlichen Persönlichkeit.

Weil unser Wesen durch und durch von der Sünde geprägt ist, läßt sich das Werk der Heiligung nicht auf die einfache Formel bringen: „Handle nicht nach deinem Gutdünken, sondern unterwirf dich dem Willen Gottes." Die Sünde hat nicht nur unser Handeln beeinträchtigt, sie hat auch unser Denken, unsere Zielvorstellungen und unsere Gefühle über uns selbst und über andere in ihren Bann gezogen; die Selbstsucht und Angst, die unser Tun so oft bestimmen, können nicht durch ein paar simple Einsichten bewältigt werden. Wir müssen uns vielmehr klarmachen, wie sehr uns das eigene Denken betrügt, und erkennen, welche falschen Ziele wir uns gesetzt haben. Wir müssen uns eingestehen, was unsere wahren Gefühle sind, und wir müssen versuchen, mit unseren sündigen und schmerzvollen Empfindungen in einer Weise fertigzuwerden, die unser Vertrauen zur bedingungslosen Liebe Gottes ausdrückt. Es genügt nicht, einen Katalog von Befehlen aufzustellen, die es durchzuführen gilt. Alle vorgefertigten Wege zu einem erfolgreichen Familienleben führen nur zu einer oberflächlichen Heilung und dringen nicht zu den wirklichen Ursachen vor.

2. Eine zweite Schwäche unserer Vorstellungen über christliches Eheleben und das Christsein überhaupt liegt in der *einseitigen Betonung von Glück und Erfüllung*. Unsere schwungvollen Lieder über die Freude des Christseins verwischen Gottes Forderung nach einem heiligen, gehorsamen Wandel als Christ, selbst im schwersten Leid. Bewußt oder unbewußt sehen viele Christen das Hauptziel ihrer Nachfolge darin, ein erfülltes, frohes und an tiefen Gefühlen reiches Leben zu erlangen.

Seit ungefähr zehn Jahren wird die seichte Forderung nach einem glücklichen und frohen Leben durch die biblischer klingende Einladung zu „Erfüllung" und „Selbstverwirklichung" veredelt. Statt der Freude und dem Frieden, die der Christ haben soll, setzt man auf ein „erfülltes Leben", was zwar ähnlich klingt, aber auf ganz anderer Ebene liegt. Unser sündiges Wesen hat sich dieser verzerrten Sicht bemächtigt und uns dazu geführt, vor allem nach den positiven Gefühlen zu streben, egal ob der Weg zu dieser Erfüllung mit der biblischen Lehre über Gottes heiliges Wesen übereinstimmt oder nicht.

In manchen Kreisen geht man in dem Streben nach Erfüllung so weit, daß Ehebruch, Scheidung und Homosexualität bejaht werden, sofern sie zur eigenen Sinnerfüllung beitragen. „Ich muß glücklich sein, ich muß mich selbst verwirklichen. Verurteilt mich nicht zu einem unausgefüllten Leben. Grenzt mich nicht ein mit eurer gesetzlichen Moral, zwingt mir keine äußeren Normen auf. Ich muß tun, was für mich selbst am besten ist. Gott will, daß ich durch und durch heil werde; und ich kann nicht heil werden, solange ich mich in den Schranken der herkömmlichen Moral bewege."

Zu oft bestimmen wir, ob eine Handlung richtig oder falsch ist, indem wir die Gefühle betrachten, die wir dabei empfinden. Damit haben wir eine neue Abart der relativistischen Ethik geschaffen, die man als *Moral der Selbstverwirklichung* bezeichnen könnte. „Selbstverwirklichung" ist uns wichtiger und wertvoller als „Gehorsam".

Sagt die Bibel etwas über Selbstverwirklichung? Aber ja! Jedem von uns liegt sein eigenes Wohlbefinden am Herzen, und das ist richtig so. Ich sehne mich nach einem zunehmenden Empfinden der persönlichen Erfüllung, und ich bekenne mich zu dieser Sehnsucht, ohne zu fürchten, meine Wünsche könnten sündig sein. Die Kernfrage ist nicht, ob uns unser eigenes Wohlbefinden am Herzen liegen soll, sondern wo wir dieses Wohl suchen. Wer nach dem größtmöglichen unmittelbaren Gefühl des Wohlbefindens strebt, auf welchem Weg er dies auch gewinnen mag, scheint durchaus Erfüllung finden zu können. Die Bibel zeigt uns jedoch, daß mancher Weg uns recht erscheinen kann und doch am Ende zum Tod, zu persönlicher Leere und Vereinsamung, führt. Sie lehrt uns, unser wahres Leben dort zu suchen, wo wir uns selbst sterben. Wir finden es, indem wir es verlieren, indem wir mit Christus gekreuzigt werden und fortan nur noch für ihn leben. Wahre Erfüllung erfahren wir nicht, wenn wir um jeden Preis nach der Erfüllung streben, sondern wenn wir vor allen Dingen Gott kennenlernen und uns ihm völlig hingeben wollen.

Anders gesagt: Die Straße zum erfüllten Leben heißt nicht „Zur Freude" oder „Der Weg, der am bequemsten scheint". Der einzige Weg, der uns mit Sicherheit zu bleibender Freude führt, ist die steile und holprige Straße mit dem Schild „Gehorsam".

Wir haben unser natürliches Interesse an der eigenen Zufriedenheit zu einer Ethik verkommen lassen, nach der alles richtig ist, was uns äußerlich glücklich macht. Eine verheiratete Frau gestand mir kürzlich: „Ich will den Weg der Bibel gehen, aber ich weiß nicht, ob ich in dieser Beziehung glücklich werden kann. Er ist nicht der Mann, den ich lieben kann." Als wir näher darauf eingingen, was die Bibel eigentlich verlangt, stellte sich heraus, daß diese Frau Gottes Gebote für ihr Leben als einen lästigen Katalog moralisierender Verbote betrachtete. Viele Menschen lassen ihre Bibeln auf dem Bücherbrett verstauben und versichern dann mit größter Gewißheit: „Gott will, daß ich glücklich und erfüllt bin, aber in dieser Ehe kann ich weder das eine noch das andere finden." Wie schwer ist es doch zu glauben, daß ein liebender Gott, dem es um unser tiefstes Wohlbefinden geht, darauf besteht, daß wir uns seinen Maßstäben unterordnen!

3. Ein dritter Trend, der mir Grund zur Besorgnis gibt, ist eng mit dem zweiten verknüpft. *Unsere Überlegungen über das Eheleben beginnen sich mehr und mehr auf psychische Bedürfnisse zu konzentrieren.* Die Bibel ist zu einem Buch mit guten Tips geworden, wie wir unsere gefühlsmäßigen Bedürfnisse am besten befriedigen können. Wir halten ihre Anweisungen jedoch in keiner Weise mehr für verbindlich. So wird die Brauchbarkeit eines Gedankens („Vielleicht sollte ich meinen Mann verlassen" oder: „Ich glaube, dieses Thema schneide ich besser nicht an, wir könnten in Streit geraten") nicht daran gemessen, ob er mit der Schrift in Einklang steht, sondern daran, wie er sich auf die eigenen Bedürfnisse und Gefühle auswirkt. Hier geht es um nichts Geringeres als um die Autorität der Schrift. Wer seine Pläne und Vorhaben daran mißt, ob sie Bedürfnisse befriedigen, hat die Autorität und Irrtumslosigkeit der Bibel durch ein humanistisches Wertsystem ersetzt. Wer seinen Rat durch Argumente erhärtet wie zum Beispiel: „Das wird Ihrer Ehe guttun" oder: „So können Sie Ihr Selbstwertgefühl fördern", wird leichter anerkannt als derjenige, der argumentiert: „So steht es in der Bibel." Fast unmerklich haben wir uns von der Autorität der Bibel zu einer neuen Gedankenbasis hin entfernt.

Diese humanistische Denkart hat zwei neue Lehren begünstigt:

a) Die Bedürfnisse der Menschen sind von höchster Bedeutung.

b) Die Lehren des Christentums, wie sie in der Bibel enthalten sind, können diese Bedürfnisse befriedigen.

Auf den ersten Blick erscheinen diese Vorstellungen nicht beunruhigend. Ist Christus nicht gekommen, um unsere Bedürfnisse zu befriedigen? Der Irrtum ist kaum merklich und doch schwerwiegend. Bei dieser Denkweise steht der Mensch mit seinen Bedürfnissen im Mittelpunkt. Aller Augen sind auf ihn gerichtet, während Gott in den Schatten tritt als derjenige, der dem suchenden Menschen Anweisungen gibt, wie er Erfüllung finden kann. In der Bibel jedoch steht Jesus Christus im Mittelpunkt, der dem Menschen ewige Erfüllung im Betrachten seiner Herrlichkeit schenkt. Paulus versteht sehr gut, wie Christus unsere Bedürfnisse erfüllen möchte, wenn er sagt: „Denn das Leben ist für mich Christus" (Philipper 1,21).

4. Mein viertes und letztes Anliegen lautet: *Wir haben es verlernt, Gottes Plan mit der Familie als Ganzem zu sehen.* Es gibt viele gute Bücher darüber, wie man als christlicher Ehemann und Vater leben soll. Es besteht kein Mangel an hilfreicher Literatur, die auf geschmackvolle und praktische Weise eine biblische Sicht unserer Geschlechtlichkeit anbietet. Unsere Frauen können auf eine wahre Bibliothek von Büchern über Themen, angefangen von der Mutterschaft, Unterordnung und Emanzipation auf christlich bis hin zum Kochen für Christus zurückgreifen. Aber nur wenig hört man davon, was Gott grundsätzlich mit der Ehe im Sinn hatte. Wer das Gesamtbild jedoch nicht kennt, wird die einzelnen Rollenbilder in der Ehe leicht mißverstehen und verzerren. Die Unterordnung der Frau in der Ehe wird beispielsweise oft verstanden als Befehl: „Tu, was dein Mann sagt", ohne daß man einen Gedanken daran verschwendet, wie die Unterordnung der Frau in den Gesamtplan Gottes für eine innige Beziehung paßt. Die Männer wieder betrachten ihre Rolle als Haupt der Familie zuweilen als Freibrief, egoistische Forderungen zu stellen, wobei sie den eigentlichen Kern der Sache verfehlen, nämlich Führerschaft in Liebe, durch die Gott der Frau ihre Sicherheit fühlbar machen will.

Vielen Ehepaaren aus meiner Seelsorgepraxis würde es guttun, sich eine wirklich biblische Sicht der Ehe zu eigen zu machen, um ganz allgemein verstehen zu können, worum es in der Ehe geht, aber auch, um praktische Richtlinien zu gewinnen, wie Gottes Plan für eine echte Beziehung zu verwirklichen ist.

Ich möchte die vier Punkte, die meines Erachtens unsere Einstellung zur Familie verzerrt haben, nochmals zusammenfassen:

1. Zu oft betrachten wir Familienprobleme als einfache, geradlinige Angelegenheiten, die sich relativ leicht ohne allzu großen Kräfteverschleiß durch ein systematisches Vorgehen lösen lassen.

2. Viele Bücher versprechen Erfüllung, wobei sie Schritt für Schritt unsere Bereitschaft untergraben, Leid zu erdulden (vor allem Leid aufgrund der Ablehnung durch Familienmitglieder). Gehorsam wird nicht mehr großgeschrieben.

3. Es ist uns wichtiger geworden, eine Ehe so zusammenzuflik-

ken, daß alle Beteiligten dabei zufrieden sind und ihre persönlichen Bedürfnisse stillen können, während die Gebote Gottes zweitrangig werden. Wir sind längst nicht mehr davon überzeugt, daß einzig der Gehorsam Gott gegenüber unsere persönlichen Bedürfnisse befriedigen wird.

4. Die vorhandenen Bücher über Ehe und Familie konzentrieren sich zumeist auf einen Einzelaspekt des Familienlebens. Diese Konzentration auf die einzelnen Mosaiksteinchen der Ehe vernebelt den Blick auf Gottes Gesamtplan mit der Familie.

Meines Erachtens ist zumindest ein guter Teil unserer Verwirrung in Ehe- und Familienfragen auf diese vier Mißverständnisse zurückzuführen. Das vorliegende Buch hat es sich zum Ziel gesetzt, diesen Irrtümern bewußt entgegenzuwirken. Dabei liegen meinen Überlegungen folgende vier Standpunkte zur Ehe zugrunde:

1. Die Lektüre dieses Buches garantiert noch lange keine radikale und dauerhafte Lebenswende. Das geistliche Wachstum ist ein langwieriger und oft schwieriger Prozeß. Ich kann keine einfachen Lösungen anbieten für die vielen Probleme, die durch das enge Zusammenleben zweier sündiger Menschen entstehen. Wer jedoch in Hingabe an Christus, den Herrn, und im Bewußtsein der Autorität des Wortes Gottes lebt, wird Motivation und Kraft finden, um verantwortungsbewußt zu leben. Ein solcher Wandel wird mit der Zeit die Frucht der tiefen Freude und unerschütterlichen Hoffnung hervorbringen.

2. Oft ist es schwierig, verwirrend und ernüchternd, nach biblischen Maßstäben zu leben. Gehorsam wird häufig Schmerz bereiten, der sich vermeiden oder zumindest betäuben ließe, würden wir vor allem danach streben, uns selbst zu dienen. Im Kampf zwischen schmerzhaftem Gehorsam oder bequemem Kompromiß fallen mir die Worte des Apostels Petrus ein: „Herr, wohin sollen wir gehen? Du hast Worte des ewigen Lebens“ (Johannes 6,68). Wir müssen uns entscheiden, ob wir Gott folgen oder nach eigenen Vorstellungen leben wollen.

3. Der Vorsatz, ein gottgefälliges Leben zu führen, garantiert noch lange keine funktionierende Ehe. Wer sagt denn, ob mein Ehepartner mein Anliegen teilen wird? Vielleicht würde Ihr Mann oder Ihre Frau Ihnen mehr Entgegenkommen zuteil werden lassen, wären Sie nur bereit, bestimmte Kompromisse in biblischen Grundsatzfragen einzugehen. Wir dürfen uns aber bei Eheproblemen nicht fragen: „Wird das meiner Ehe helfen?“, sondern: „Was will Gott, daß ich tue?“ Gottes Wort muß mir wichtiger sein als

meine Vorstellungen darüber, wie ich meine Bedürfnisse befriedigen könnte.

4. Wenn wir versuchen, ein Gesamtbild der Ehe zu erstellen, muß die Bibel als endgültige Autorität für unsere Grundsätze und Prinzipien dienen. Alle kulturbedingten Umdeutungen, die beispielsweise die Aussagen des Apostels Paulus über die Ehe in unserer heutigen Zeit einschränken, müssen wir ablehnen. Wer die Heilige Schrift in eine bestimmte Kultur verbannt, ersetzt damit die Weisheit Gottes durch voreingenommenes menschliches Vernunftdenken. Dieses Buch setzt die Irrtumslosigkeit und überkulturelle Autorität der Bibel voraus.

Zahllose Erinnerungen an Menschen, die mir von ihren Eheproblemen erzählt haben, ziehen an meinem geistigen Auge vorüber. Möge dieses Buch eine klare Botschaft verkünden und Männern und Frauen, die ihre Ehe auf ein biblisches Fundament aufbauen wollen, eine wirkliche Hilfe bieten.

Teil 1

Das Ziel der Ehe

Kapitel 1

Einheit
Was ist Einheit und wie wirkt sie sich aus?

Vor einigen Monaten arbeitete ich im Flugzeug nach New York am Rohentwurf dieses Buches. Eine Stewardeß bemerkte, wie ich die Worte „Das Ziel der Ehe" auf ein auf dem Klapptisch liegendes, gelbes Blatt Papier kritzelte. Sie fragte mich, was ich da schrieb. Als ich erwiderte, ich schriebe ein Buch über die Ehe, antwortete sie: „Das finde ich gut, ich glaube nämlich wirklich an die Ehe. Ich habe sechs Jahre mit einem Mann zusammengelebt, bis ich beschloß zu heiraten. Weil mein Freund aber lieber unverbindlich bleiben wollte, suchte ich mir einen anderen, der mich heiraten wollte. Vor zwei Monaten war es so weit, ich finde es einfach großartig."

Ich fragte sie, warum sie lieber heiraten als einfach so zusammenleben wollte. Sie dachte einen Augenblick nach und meinte schließlich: „Ich glaube, ich suchte die Verbindlichkeit. Ich habe einen Mann geheiratet, der alles daran setzt, mich zu lieben und an der Beziehung zu arbeiten. Solange ich mit meinem Freund zusammenlebte, der keine Versprechen abgeben wollte, konnte ich mich nicht richtig öffnen, um ihm nahezukommen."

Dieses Beispiel wirft zwei Fragen auf: (1) Welches Ziel verfolgte diese Frau, indem sie ihren langjährigen Freund gegen einen Ehemann austauschte? (2) Wie wollte sie dieses Ziel erreichen?

Hier ein zweites Beispiel:

Ein Ehemann um die dreißig war von seiner Frau völlig enttäuscht. Sie war hübsch und umgänglich, kochte gut und sorgte ausgezeichnet für die zwei kleinen Kinder. Dafür nörgelte sie ständig, war rasch mit Kritik zur Hand und schien alles negativ zu sehen. Sie war mit nichts zufrieden, was er tat. Dabei war er, so fügte er mit einem Anflug verletzten Ehrgefühls hinzu, ein Ehemann, den sich viele Frauen wünschen würden.

Seine Frau saß neben ihm und starrte die ganze Zeit über wortlos zu Boden. Als er aufhörte, wandte sie, ohne den Kopf zu heben, ein: „Er hat ja recht, ich bin eine alte Nörglerin, und ich meckere über alles. Aber ich merke einfach nichts von seiner Liebe zu mir."

Als sie aufblickte, sprach der Zorn aus ihren Augen.

„Manchmal wird er wütend auf mich und beschimpft mich fürchterlich. Er weigert sich, mit mir zu beten. Sicher ist er auch oft freundlich zu mir, und er glaubt, das macht ihn zu einem guten Ehemann. Aber ich weiß, daß er mich nicht wirklich akzeptiert. Wenn er freundlich wird, dann nur, weil er mit mir schlafen will; und wenn ich nicht nachgebe, bekommt er einen Wutanfall."

Denken wir einen Augenblick über dieses Ehepaar nach und stellen wir uns dieselben zwei Fragen: (1) Was wollen die beiden Partner voneinander? (2) Auf welchem Weg versuchen sie zu ihrem Ziel zu gelangen?

Noch ein letztes Beispiel:

Ein Ehepaar in den mittleren Jahren, gläubig, attraktiv, begabt, wohlhabend, treu, aktiv in der Gemeinde, gestand sich ein, daß sie mit ihrer Ehe nicht zu Rande kamen.

„Ich komme mir vor wie eine Heuchlerin", sagte die Frau. „Wenn Sie die Leute in unserer Gemeinde bitten würden, eine Liste mit den zehn glücklichsten Ehepaaren in ihrem Bekanntenkreis aufzustellen, dann wären wir sicher überall dabei. Wir sind gesellig, wir haben oft Besuch von Gemeindegliedern, wir singen gemeinsam im Chor. Wir sind fantastische Schauspieler, aber unsere Beziehung ist auf dem Nullpunkt angelangt.

Wir kommen miteinander zurecht, aber die innere Distanz ist fürchterlich groß. Ich kann ihm einfach nicht sagen, was ich wirklich fühle. Er wird dann bloß wütend und schreit mich an. Oder er zieht sich tagelang zurück. Ich glaube, wir haben nie eine wirklich enge Beziehung gehabt."

Der Ehemann entgegnete: „Ich glaube gar nicht, daß es so schlimm ist. Eigentlich geht es uns ja gut. Die Kinder kommen vorwärts, meine Frau unterrichtet in der Sonntagsschule, und ich bin beruflich gesegnet. Viele andere ..."

„Wie viel von Ihren Gefühlen, Hoffnungen und Träumen teilen Sie Ihrer Frau wirklich mit?" unterbrach ich ihn.

„Ja", antwortete er, „dafür interessiert sie sich doch gar nicht. Darum gebe ich mir keine Mühe mehr."

„Ich höre dir gern zu, wenn du dich nur ehrlich mitteilen würdest", warf sie ein. „Aber was du mir sagst, ist mehr eine Unterweisung darüber, was richtig ist und was nicht. Wenn ich versuche, dir meine Gefühle zu erklären, bekomme ich immer die Antwort: ‚Also ich weiß nicht, wie du darauf kommst.' So kann man doch kein Gespräch führen."

Stellen wir uns wieder dieselben zwei Fragen: (1) Was wünschen sich diese beiden gefühlsmäßig geschiedenen Eheleute von ihrer Ehe und haben es bisher nicht bekommen? (2) Wie versuchen sie zu erreichen, was sie beide so dringend wünschen?

Das Bedürfnis nach einer engen Beziehung

Wenden wir uns einmal der ersten Frage zu: *Welche Ziele verfolgen diese Menschen?*

Ganz offensichtlich hatte die Stewardeß im ersten Beispiel geheiratet, um eine verbindliche Beziehung aufzubauen. Davon erhoffte sie sich eine Intimität, die sie mit ihrem Freund nicht erreichen konnte.

Der frustrierte Ehemann im zweiten Beispiel sehnte sich nach einem Gefühl der Einheit mit seiner Frau, fühlte sich jedoch durch ihren kritischen und nörgelnden Geist davon abgehalten. Er war zornig auf sie, wie ich es etwa wäre, würde mich jemand nach etlichen Tagen ohne Nahrung davon abhalten, mich an einem reich gedeckten Tisch zu bedienen. Seine Frau konnte sich einfach nicht einem Mann öffnen, der sie gebrauchte, statt sie zu akzeptieren. Verzweifelt versuchte sie ihrem Mann nahezukommen, schreckte jedoch davor zurück, sich jemandem zu öffnen, der sie vielleicht gar nicht wirklich liebte.

Das Paar aus dem dritten Beispiel, dessen Ehe eine schöne, aber leere Hülle war, vermochte einfach keinen gefühlsmäßigen Zugang zueinander zu finden. Das Fehlen jeder Intimität zwischen ihnen erzeugte in beiden ein Vakuum, was *sie* freimütig, aber bitter anerkannte, *er* jedoch überspielte, indem er auf den äußeren Erfolg der Familie verwies.

Die jungverheiratete Stewardeß, der jähzornige Ehemann und seine nörgelnde Frau und das Ehepaar, das ohne jede innere Gemeinschaft blieb, sie alle sehnten sich nach demselben Ziel: *dem tiefen Erleben persönlicher Intimität durch die Beziehung zu einem Partner des anderen Geschlechts.*

Nichts dringt weiter in die Tiefen der menschlichen Persönlichkeit vor als eine Beziehung. Die Wahrheit der ganzen Bibel von der Genesis bis zur Offenbarung ist mit Beziehungen verflochten:

– *vollkommene Beziehungen* in der Dreieinigkeit;

– *zerbrochene Beziehungen* zwischen Gott und dem Menschen, Adam und Eva, Kain und Abel;
– *liebevolle Beziehungen* zwischen Aquila und Priscilla, Ruth und Naemi, Jesus und Johannes;
– *feindselige Beziehungen* zwischen Isebel und Elia, Jesus und den Pharisäern;
– *belastete Beziehungen* zwischen Abraham und Lot, Paulus und Johannes Markus.

Auch die Gefühle, die in Beziehungen aufkommen, beschreibt die Bibel in lebhaften Farben:
– *der Schmerz über eine verlorene Beziehung* – David, wie er um Absalom weint; Jesus, der ruft: „Mein Gott, warum hast du mich verlassen?“;
– *bittere Reue darüber, den Geliebten enttäuscht zu haben* – Petrus, nachdem der Hahn zum drittenmal krähte;
– *die Freude des Wiedersehens* – Jakob, wie er in Ägypten mit Joseph zusammentrifft; die Tochter des Jairus, wie sie ihrem Vater wiedergegeben wird;
– *die entspannte Ruhe in einer harmonischen Beziehung* – Jesus im Hause Marias und Marthas.

Die Liste ließe sich beliebig fortsetzen. Die biblische Geschichte stellt das Drama zwischenmenschlicher Beziehungen in ihrer ganzen Breite dar.

Warum behandelt das Wort Gottes das Thema Beziehungen so eingehend? Weil nur im Rahmen einer Beziehung die tiefsten Bedürfnisse der menschlichen Persönlichkeit Erfüllung finden können.

Alle Menschen sehnen sich nach einer intimen Beziehung. Jeder von uns braucht die Nähe eines anderen. Wir müssen uns über dieses starke Begehren in uns nicht schämen; es ist weder sündig noch selbstsüchtig. Hüten wir uns davor, dieses Verlangen zu leugnen, indem wir uns nebensächlichen Bedürfnissen zuwenden, etwa Beliebtheit bei anderen oder Bildung! Wer seine Sehnsucht nach einer Beziehung verschleiert und behauptet, über diese Dinge erhaben zu sein, handelt wie ein Mensch, der vorgibt, ohne Nahrung leben zu können. Unser Hunger nach einer Beziehung ist ein echtes Bedürfnis und ist von Gott in uns hineingelegt.

Gott erschuf uns als sein Ebenbild, als Personen, die sich von allen anderen Geschöpfen unterscheiden und die ihm darin ähneln, daß sie zu einer echten Beziehung fähig sind. Als abhängige, personhafte Wesen können wir nicht voll funktionieren, wie Gott es gewollt hat, ohne enge Beziehungen zu pflegen. Nach meinem Schriftverständnis erhalten wir aus einer Beziehung zwei Dinge, die wir unbedingt brauchen, wenn wir nach Gottes Plan leben wollen: Erstens die *Sicherheit* wahrer Liebe und Annahme und zweitens die *Bedeutung*, die sich daraus ableitet, entscheidend, dauerhaft und positiv auf einen anderen Menschen Einfluß nehmen zu können (diesen beiden Bedürfnissen werden wir uns in Kapitel 2 nochmals zuwenden).

Diese zwei Grundbedürfnisse sind echt und müssen erfüllt sein, bevor wir biblisch handeln können. Erwarten wir von einem Menschen, dessen Bedürfnis nach Sicherheit und Bedeutung nicht erfüllt ist, bitte kein verantwortungsbewußtes Handeln vor Gott! Das wäre dasselbe, wie einen Heiseren aufzufordern, laut zu sprechen. Eine Frau, die keine innere Sicherheit kennt und keine Möglichkeit sieht, diese zu finden, kann sich niemals so ihrem Mann öffnen, wie es die Bibel erwartet. Sich bereitwillig einem Mann hinzugeben, der in seinen Entscheidungen selbstsüchtig und rücksichtslos ist; sich einem Ehepartner auszusetzen, der zu unfähig oder gleichgültig ist, um Liebe zu schenken, erfordert bereits ein Maß an Sicherheit.

Eine Frau beständig zu lieben, aus deren Verhalten Verachtung für sein Denken spricht und die aus Kritikgeist, Zorn und Ablehnung auf Distanz bleibt, ist unmöglich für einen Mann, der nicht von seiner eigenen Bedeutung überzeugt ist. Wir sind nicht dazu gebaut, nach dem Plan des Meisters zu funktionieren, ohne zuerst mit seiner Kraft ausgestattet zu werden.

Das Problem der Gefühle

Um ein wichtiges Mißverständnis von vorneherein auszuräumen, möchte ich eines klarstellen: Wir brauchen unsere Sicherheit und Bedeutung nicht zu *fühlen*, um so zu funktionieren, wie Gott es geplant hat. Ich mag mich nicht wertvoll oder angenommen *fühlen*, bin aber dennoch dafür verantwortlich, an Gottes Wort zu *glauben*. Daß ich in Gottes Liebe Sicherheit und in seinem Plan Bedeutung besitze, geht aus seinem Wort klar hervor. Eine Frau, die sich unsicher und ungeliebt *fühlt*, ist trotzdem fähig, sich ihrem Mann hinzugeben, wenn sie an ihre Sicherheit in Christus *glaubt*. Ein Mann, der sich durch die Verachtung seiner Frau bedroht *fühlt*, ist dennoch verantwortlich, sie in Liebe anzunehmen, weil er *glauben* kann, daß er ungeachtet des Verhaltens seiner Frau als Christ bedeutend ist.

Christus hat mir Sicherheit und Bedeutung gegeben. Das ist wahr, ob ich es fühle oder nicht. Ich stehe unter Gottes Befehl, daran zu glauben, daß meine Bedürfnisse erfüllt sind. Darum kann ich selbstlos leben und mich nur noch um die Bedürfnisse der anderen kümmern. Je mehr ich bewußt danach lebe, was Christus für mich getan hat, desto mehr werde ich die Echtheit meiner Sicherheit und Bedeutung empfinden.

Die Sünde hat alles unter ihren Bann gezogen und zerstört. Nach Gottes ursprünglichem Plan sollten Mann und Frau in Gemeinschaft mit ihm leben und eine selbstlose Beziehung pflegen, in der sie einander bereichern. In dieser Beziehung wäre meine Frau von meiner Liebe so erfüllt, daß ich meine eigene *Bedeutung* tief empfinden könnte, indem ich die Freude betrachte, die meine Liebe in ihr hervorbringt; ich würde mich an der *Sicherheit* laben, die mir ihre Liebe gibt. Auch sie könnte ihre *Bedeutung* darin finden, meine tiefsten Bedürfnisse zu erfüllen, und könnte sich an der *Sicherheit* meiner Liebe zu ihr aufrichten.

Aber so funktioniert meine Ehe nicht. Ich glaube nicht mehr an die Erfüllung meiner Bedürfnisse in Gott. Ich erwarte von meiner Frau, mein Bedürfnis nach Sicherheit und Bedeutung zu erfüllen, *bevor* ich mich nach Gottes Geboten ausrichte. *Dann erst* schenke ich mich ihr selbst. Sooft sie meinen Erwartungen nicht entspricht, ziehe ich mich zurück oder gehe zum Angriff über. In dem Maße, wie ich ihrer Liebe zu mir vertraue, kann ich mich ihr öffnen und ihr in Liebe begegnen. Nun aber hängt meine Liebe zu ihr von ihrer Liebe zu mir ab. Und genauso sieht unsere Beziehung von ihrer Seite aus. *Erst wenn* meine Liebe ausreicht, um ihr das Gefühl der Sicherheit zu geben, wird sie sich in liebevoller Unterordnung mir hingeben. Andernfalls geht sie auf Distanz, um den Schmerz der Ablehnung zu betäuben.

Das Ergebnis ist verheerend. Weil ich von meinem Ehepartner erwarte, meine Bedürfnisse zu erfüllen, hat er nun die Macht, mir zu verweigern, was ich brauche, und mich dadurch zu zerstören. *Angst* ist in unsere Beziehung eingedrungen. Wir fürchten uns voreinander. Wir spielen Katz und Maus. Keiner von uns kann in der Beziehung finden, was er dringend braucht, weil wir beide von Angst erfüllt sind.

Gott aber will mich zu einer Einheit mit meiner Frau führen, die ihr ein tiefes Gefühl der Sicherheit verleiht, und sie wiederum sollte mit mir in einer Beziehung eins werden, die mein Verlangen nach Bedeutung stillt. Gottes Plan für unsere Ehe ist eine intime Beziehung, in der wir erfahren können, was es heißt, unsere tiefsten persönlichen Bedürfnisse nach Bedeutung und Sicherheit in Christus erfüllt zu sehen. Als Gott Adam und Eva zusammenführte, so berichtet die Bibel, wurden beide ein Fleisch. Das heißt, sie erlebten eine Beziehung der vollkommenen *Einheit.* Diese Einheit ist das Ziel der Ehe.

Das Erschreckende an diesem Ziel – Einheit – liegt in der Erkenntnis, daß Gott von meiner Frau und mir nicht erwartet, wir sollten in der Ehe unsere persönlichen Bedürfnisse erfüllen. Unsere Beziehung soll vielmehr der Welt demonstrieren, wie Jesu Retterliebe die trennende Macht der Sünde durchbrechen kann. In Johannes 17,21 schüttet Jesus sein Herz vor dem Vater aus: „... auf daß sie alle eins seien, gleichwie du, Vater, in mir und ich in dir; daß auch sie in uns seien, damit die Welt glaube, du habest mich gesandt." In diesem Gebet hatte Jesus unsere Beziehung mit allen Glaubensgeschwistern im Sinn; aber die Ehe mit ihrer einzigartigen Möglichkeit einer intimen Beziehung kann auf besonders überzeugende Weise die Macht der Liebe Christi zum Ausdruck bringen.

Jetzt können wir die erste unserer zwei Fragen weit besser beantworten. Wonach strebten die Stewardeß und die beiden unglücklichen Ehepaare? Nach einer Beziehung, in der ihre tiefsten Bedürfnisse nach Sicherheit und Bedeutung in überzeugender Weise erfüllt waren.

Nun zur zweiten Frage: Wie versuchten sie diese Beziehung zu erlangen?

Die beiden Ehepaare waren in ihrem Bemühen jedenfalls erfolglos. Ich kann mir auch kaum vorstellen, daß die Stewardeß einen besseren Plan hatte, um das Ziel der Einheit zu erreichen, nach dem sie sich so sehnte.

Wie kann man eine gute Beziehung aufbauen? Sollte man beginnen, dem Partner alle Gefühle mitzuteilen? Sollten wir eine Liste mit Vorsätzen anfertigen, „wie ich diese Woche nett sein kann" und unser Bestes geben, um diese Aufmerksamkeiten zu verwirklichen? Wird es helfen, früher aufzustehen, um mehr Zeit in der Andacht vor Gott zu verbringen? Womöglich sollten wir einen Seelsorger aufsuchen oder noch ein Eheseminar mitmachen? Oder liegt die Lösung einfach darin, unsere Selbstsucht zu bekennen und Gott zu versprechen, ihm voll und ganz nachzufolgen?

Einfache Antworten gibt es nicht. Aber dennoch gibt es Antworten, wenn sie auch schwierig anzunehmen sind, weil sie unserem gefallenen Ego gegen den Strich gehen. Doch sind sie verläßlich, weil sie auf dem Wort Gottes aufbauen. Der Rest dieses Buches stellt einen Versuch dar, diese Antworten aufzuzeigen.

Die Kapitel 2 bis 5 erklären den Begriff der Einheit genauer, um uns das Ziel bewußt zu machen, auf das wir zugehen sollen. In Teil II (Bausteine einer Beziehung), Kapitel 6 bis 8, wenden wir uns den Bedingungen zu, die wir zur Erlangung dieses Ziels erfüllen müssen.

Kapitel 2:

Geistliche Einheit
Wer sorgt für meine Bedürfnisse?

Ein Mann in den mittleren Vierzigern beklagte sich bei mir, wie kalt, zornig und streitsüchtig seine Frau sei. Ich unterbrach seine Aufzählung ihrer Verfehlungen mit der Bemerkung: „Mir scheint, als wollten Sie damit sagen: Weil Ihre Frau Sie so schwer enttäuscht hat, haben Sie ein Recht darauf, bitter auf sie zu sein? Die Bibel gebietet uns jedoch, unsere Frauen zu lieben, auch wenn sie noch so abstoßend sind; sie so zu lieben, wie Christus die Gemeinde liebt."

Ungläubiges Schweigen.

„Moment mal. Vielleicht sollte ich sie lieben, ganz sicher sollte ich das. Aber auch ich brauche ein wenig Liebe und Achtung. Von ihr bekomme ich nichts als Kritik und Ablehnung, und da erzählen Sie mir, ich soll sie lieben! Wer sorgt denn für *meine* Bedürfnisse?"

Diese Frage können wir nicht einfach mit der Ermahnung wegwischen, solche selbstsüchtigen Bestrebungen aufzugeben und dem Herrn zu vertrauen, wie immer wir durch die Ablehnung des Ehepartners verletzt werden. Wer die Wahrheit auf eine Binsenweisheit reduziert („Vertraue dem Herrn", „Bete darüber" usw.), wird kaum jemanden überzeugen oder zur Heilung führen. Dieser Mann empfand echte Bedürfnisse, die nach Erfüllung schrien und sich nicht durch wohlgemeinte Moralpredigten lösen ließen, auch nicht mit der Erinnerung: „Wer Jesus hat, braucht sonst nichts."

Dieser Mann war unglücklich und verbittert, weil seine Frau ihn nicht liebte. Seine Ehe vermochte seine gefühlsmäßigen Bedürfnisse nicht zu erfüllen. Für ihn war die Lösung des Problems klar: Seine Frau mußte sich ändern, um seine Bedürfnisse zu erfüllen.

Stellen Sie sich nun die Zwickmühle vor, in der sich der Eheberater befindet. Soll ich der Frau des Unglücklichen erzählen, sie solle ihren Mann mehr lieben? Ihre Reaktion kann sich wohl jeder vorstellen: „Ja, aber auch ich habe Bedürfnisse, und auch ich merke nichts davon, daß er mich liebt. Wer sorgt für meine Bedürfnisse nach Liebe und Zuneigung?"

Um Gottes Plan für die Ehe verstehen zu können, müssen wir dort beginnen, wo beide Ehepartner echte persönliche Bedürfnisse haben, die erfüllt werden müssen:

Diese *persönlichen* Bedürfnisse sind genauso real wie unsere *leiblichen* Bedürfnisse. Solange sie nicht erfüllt sind, können wir uns gar nicht richtig verhalten. Das will ich in diesem Kapitel nachweisen: Keine Ehe kann dem biblischen Maßstab genügen, solange nicht beide Partner in ihrer tiefsten Persönlichkeit Erfüllung erfahren. Diese Bedürfnisse lassen sich nur im Rahmen einer Beziehung befriedigen. Niemand ist sich selbst genug.

Das Problem der Bedürfnisse

Dieser soeben geschilderte Zusammenhang führt zu Problemen. Beide Ehepartner haben ein echtes Bedürfnis nach Liebe und Anerkennung, das erfüllt sein muß, wenn die Ehe funktionieren soll. Ich kann meine Frau nicht wirklich lieben, solange ich nicht geliebt und wertgeschätzt bin. Aber auch sie kann mich nicht wirklich lieben, ehe sie sich durch und durch sicher weiß. Was nun?

Kann ich in dieser Situation meine Frau zurechtweisen und sie ermahnen, sich zu ändern? Wie sollte sie mir richtig entgegentreten, solange sie sich nicht geliebt fühlt? Nur: *Ich* kann ihr nicht die Liebe geben, die *sie* braucht, bevor *meine* Bedürfnisse erfüllt sind. Wir sind wie zwei bankrotte Geschäftsleute, bei denen jeder vom anderen erwartet, daß er das Kapital für eine neue gemeinsame Unternehmung vorschießt.

Vielleicht sollten wir beide uns einzig auf den Herrn verlassen, daß er unsere Sehnsüchte stillt? Das klingt gut, ist aber leichter gesagt als getan. Die meisten Christen sind weit von dem Stand geistlicher Reife entfernt, wo Christi Liebe sie trotz tief verletzter Gefühle aufrecht hält. Oft scheint es, als sei der Herr der Wirklichkeit unserer brennenden Sehnsüchte unendlich fern. Einer fünfunddreißigjährigen Frau, deren Mann ihr jahrelang die kalte Schulter gezeigt hat, fällt es verständlicherweise nicht leicht, einen anderen abzulehnen, der ihr eine warme, intime Beziehung anbietet. Sie mit Erklärungen über Gottes grenzenlose Liebe abzuspeisen, hieße eine Verhungernde aufzurichten, indem man ihr bunte Fotos von reichgedeckten Tischen zeigt; sie zu ermahnen, dem Wort Gottes gehorsam zu bleiben, leugnet ihre legitime Sehnsucht.

Nehmen wir andererseits an, wir fassen den bewußten Vorsatz, auf die volle Erfüllung unserer Bedürfnisse durch Christus zu vertrauen. Welche Rolle spielt dann noch der Ehepartner? Ist meine Frau auf die Zuschauertribühne verbannt, während ich mich abmühe, meinen Wandel mit dem Herrn zu vertiefen? Und beschränken ihre Anstrengungen, Gott nahezukommen, sie so sehr auf sich selbst, daß ich daneben kaum noch Platz finde? Wie sollen wir da wirklich eins werden?

Bevor wir diese Fragen näher untersuchen, müssen wir ein wenig darüber nachdenken, wie unsere persönlichen Bedürfnisse beschaffen sind.

Persönliche Bedürfnisse

Der Mensch besteht nicht nur aus seinem Körper. Der Bibel nach sind Haut, Knochen, Muskeln und Organe eine Art „Zelt", in dem unsere Persönlichkeit vorübergehend wohnt. Hört unser Herz auf zu schlagen und zerfällt unser Körper, endet damit noch lange nicht unsere bewußte und persönliche Existenz. Was aber ist dann jenes eigentliche Ich?

Gemäß 1. Mose 1,27 ist der Mensch nach dem Bilde Gottes geschaffen. Er ist also gottähnlich. Doch Gott ist ein nicht-leibliches Wesen, er hat keinen materiellen Körper (ausgenommen natürlich in der Menschwerdung des Sohnes Gottes). Sein ursprüngliches Wesen ist nichtmateriell. Unsere Gottesebenbildlichkeit besteht daher nicht in Fleisch und Blut. Nicht mein *Leib* macht meine Gottähnlichkeit aus, sondern die Tatsache, daß ich eine *Person* bin.

Gott ist eine sich selbst reflektierende, liebevolle *Person*, die denkt, will und fühlt. Gleichermaßen bin auch ich eine *Person*, die zur Liebe fähig ist und Sinn braucht, die denkt, will und fühlt. Im biblischen Wortschatz heißt dieses personhafte Innere des Menschen *Seele, Sinn, Herz, Wille*. Der biblische Ausdruck *Geist* dagegen bezieht sich auf den zentralsten Teil der personhaften Natur des Menschen. Mein tiefstes Inneres, jener Bereich meiner selbst, in dem ich mit Gott Gemeinschaft pflegen kann, ist mein Geist. Denken wir ein wenig über die Besonderheiten dieser Person oder dieses Geistes nach, der in meinem Körper wohnt.

Vor kurzem bat ich bei einer Versammlung, jeder solle die Augen schließen und über folgende Fragen nachdenken: Was will ich im ureigensten Wesen? Was sind meine innersten Sehnsüchte? Welches sind meine tiefsten Wünsche, deren Erfüllung mir am meisten Freude bereiten würde? Dann bat ich die Anwesenden, dieses tiefste Sehnen mit einem Wort zu umschreiben. Genannt wurden dann etwa *Annahme, Sinn, Liebe, Lebensziel, Wert* und *Aufgabe*.

Wenn wir unser Innerstes durchforschen, können wir meist ein starkes Verlangen erkennen, zu lieben und geliebt zu werden, anzunehmen und angenommen zu sein. Sooft sich jemand wirklich um uns sorgt oder wir selbst vorbehaltlose Anteilnahme für jemanden aufbringen können, sind wir irgendwie im tiefsten Wesen berührt. Ich glaube, unsere Sehnsucht nach Liebe ist eine wesentliche Seite der Bedürfnisse, die eine Person oder einen Geist letztlich ausmachen.

Im Nachdenken über unsere innersten Wünsche schält sich jedoch noch ein weiteres Bedürfnis heraus. Kennen Sie das überströmende Gefühl der Ganzheit, Lebenskraft und Fülle, wenn Sie an einer wichtigen Aufgabe arbeiten? Geschirrabwaschen und Rasenmähen mögen uns langweilen, aber das Ringen um wesentliche Entscheidungen oder die Versorgung eines Kranken sprechen uns im Innersten an. Wir fühlen etwas von der übergeordneten Wichtigkeit dessen, was wir tun. Wir können mit unserer Kraft völlig am Ende sein, und doch arbeiten wir mit letztem Einsatz weiter. Folglich gibt es noch eine zweite Art von persönlichen Bedürfnissen: das Sehnen nach Sinn und Wert.

In den Lebensbildern der Bibel fallen mir immer wieder diese beiden Bedürfnisse auf. In Römer 8 verschlägt es Paulus schier die Sprache, als er über die unerschütterliche Liebe Jesu Christi nachdenkt. Hiob war von der Hoffnung auf seinen lebendigen Erlöser, den er eines Tages mit eigenen Augen sehen würde, zutiefst berührt und überwältigt (Hiob 19,25–27). Der Apostel Johannes geht völlig in dem Gedanken daran auf, wie sehr der Herr seine Kinder liebt (siehe 1. Johannes 3,1). Die Bande der Liebe zwischen Ruth und Naemi waren stärker als sämtliche kulturellen Unterschiede. Alle diese Menschen waren durch *Liebe* im Innersten bewegt. Als personhafte, geistbegabte Wesen, geschaffen nach dem Bilde Gottes, der Liebe ist, waren sie alle zur Liebe fähig. Vor dem Sündenfall wurde dieses Verlangen durch die ständige und vollkommene Gemeinschaft des Menschen mit Gott erfüllt. Sobald aber die Sünde den Menschen von Gott trennte, blieb seine *Fähigkeit zur Liebe* unerfüllt und machte sich als *Bedürfnis* bemerkbar; ein Bedürfnis nach Liebe oder, wie mir besser scheint, ein Bedürfnis nach *Sicherheit*.

Abraham war bereit, seine Heimat zu verlassen und sich auf eine große Reise zu begeben, weil er sich nach einer Stadt mit festen Grundlagen sehnte, geplant und erbaut von Gott (Hebräer 11,8–10). Dies gab seinem Wagnis eine *Richtung*, die ihn vorantrieb. Jeremia erduldete endlose Verfolgungen und blieb selbst in der Verzweiflung treu, weil er gänzlich vom *Sinn* seines Dienstes erfüllt war, nämlich dem, was er als Wahrheit erkannt hatte, gerecht zu werden (Jeremia 20,9). Paulus war bereit, die ewige Gemeinschaft mit Christus im Himmel aufzuschieben, weil er um die *Bedeutung* seiner Arbeit auf Erden wußte (Philipper 1,21–24). Alle diese Menschen waren vom Glauben an die Bedeutung ihrer Aufgabe durchdrungen. Als personhafte Wesen besaßen sie die Fähigkeit, Sinn und Wert ihres Daseins zu empfinden. Vor dem Sündenfall führte Adam ein sinnerfülltes Leben, weil er Gottes Willen tat. Nach seiner Rebellion gegen Gott verwandelte sich diese Fähigkeit, die Wichtigkeit einer Aufgabe zu empfinden, in ein Bedürfnis, das Bedürfnis nach *Bedeutung*.

Jenes schwer definierbare Etwas, das meine innerste Persönlichkeit ausmacht, hat zwei echte und tiefe Bedürfnisse, die zwar der biologischen und chemischen Analyse nicht zugänglich sind, jedoch genauso real existieren wie körperliche Bedürfnisse. Sie sind persongebunden, unabhängig vom Körper und liegen im Zentrum dessen, was die Bibel als Geist bezeichnet.

Diese beiden Bedürfnisse stellen die Ebenbildlichkeit des Menschen mit Gott dar. Gott ist ein personhaftes Wesen, das im Innersten *Liebe* ist und das als planender und schöpferischer Geist Urheber alles *Sinns* ist. Auch wir sind personhafte Wesen, doch im Gegensatz zu unserem unendlichen, allumfassenden und vollkommenen Gott sind wir begrenzt, abhängig und gefallen. Gott *ist* Liebe; wir *brauchen* Liebe. Was immer Gott tut, *ist* bedeutend; wir *brauchen* eine bedeutende Aufgabe.

Diese beiden Bedürfnisse können wir kurz zusammengefaßt so definieren:

Sicherheit: das unerschütterliche Wissen darum, vorbehaltlos und vollkommen geliebt zu sein, ohne Bedingungen erfüllen zu müssen, um Liebe zu gewinnen; geliebt zu sein mit einer freiwilligen Liebe, die nicht verdient und daher nicht verloren werden kann.

Bedeutung: das Wissen um meine Berufung zu einer Aufgabe oder Arbeit, die echten Wert hat, das Zeitliche überdauert, in die Ewigkeit hineinreicht und deren Inhalt im Grunde genommen darin besteht, bleibenden Einfluß auf einen anderen Menschen auszuüben.

Eine Person (oder Geist) zu sein, bedeutet also, Sicherheit und Bedeutung zu benötigen, um richtig funktionieren zu können. Sind diese beiden Bedürfnisse erfüllt, empfinden wir uns als vollwertig.

Auch meine Frau ist ein personhaftes Wesen, das heißt auch sie braucht Sicherheit und Bedeutung. Wollen wir als Ehepaar geistliche Einheit erlangen, muß es uns gelingen, uns in unseren tiefsten Bedürfnissen zu begegnen.

Wie aber ist das möglich? Damit kommen wir zu der Frage zurück, die wir zu Beginn dieses Kapitels gestellt haben. Wie können Mann und Frau in ihren persönlichen Bedürfnissen eins werden? Es scheint, als hätten wir vier Möglichkeiten, um die Erfüllung unserer personhaften Bedürfnisse in der Ehe zu suchen. Wir können

1. unsere Bedürfnisse verleugnen;
2. unsere Befriedigung in Leistung suchen;
3. die Befriedigung unserer Bedürfnisse vom Partner fordern;
4. die Erfüllung unserer Bedürfnisse von Gott erwarten.

Möglichkeit 1: Unsere Bedürfnisse verleugnen

Diese Möglichkeit können wir rasch verwerfen. Weil personhafte Bedürfnisse so real sind wie die körperlichen nach Essen, Trinken und einem Dach über dem Kopf, zieht ihre Verleugnung katastrophale Folgen nach sich. Wer seine leiblichen Bedürfnisse verleugnet, verfällt dem *leiblichen Tod*. Wer seine personhaften Bedürfnisse nach Sicherheit und Bedeutung unbeachtet und damit unbefriedigt läßt, muß mit dem *personhaften Tod* rechnen. Symptome des nahenden personhaften Todes sind unter anderem Gefühle der Sinnlosigkeit und Verzweiflung, nagende Ängste, der Verlust jeder Motivation und Energie, die Hinwendung zu Drogen, Sex oder Alkohol, um den Schmerz des Sterbens zu betäuben, und die Empfindung von Leere und Langeweile. Wir sind mit wirklichen personhaften Bedürfnissen geschaffen, und als treue Verwalter unseres Lebens dürfen wir sie nicht verleugnen.

Möglichkeit 2: Unsere Befriedigung in Leistung suchen

Als Fürst einer gefallenen Welt hat uns der Teufel dazu verführt, einer Lüge Glauben zu schenken. Unsere Kultur mißt den Wert eines Menschen an seiner Leistung. Die Welt hat viele Christen dazu gebracht zu glauben, unser Bedürfnis nach Selbstwert könne Erfüllung finden, ohne daß wir in eine tiefe Beziehung mit dem lebendigen Gott einzutreten brauchen.

In unserer Gesellschaft richtet sich der Wert eines Mannes gewöhnlich nach seinem Einkommen, seiner beruflichen Stellung, der Lage und Größe seiner Wohnung sowie dem Wert ihrer Einrichtung, seiner Beliebtheit bei anderen, seinem Aussehen, seinem Auto, seiner Kleidung und Bildung, seinen sportlichen oder musikalischen Fähigkeiten. In der Gemeinde kommen vielleicht Begabungen im Dienst hinzu (Singen, Predigen usw.).

Frauen werden nach den Kreisen beurteilt, in denen sie verkehren, nach Beruf und Stellung des Ehemannes, nach ihrem Charme, äußeren Reiz oder Benehmen, dem Schnitt, der Marke und dem Preis ihrer Kleidung, nach Wohnung und Einrichtung sowie ihren Talenten im gesellschaftlichen Leben (Gäste standesgemäß bewirten, Stellung in Frauengruppen usw.).

Viel zu viele christliche Paare schenken dieser Satanslüge unbewußt Glauben. „Erfolgsmenschen“, die mit Geld, gutem Aussehen und zahlreichen Begabungen gesegnet sind, entwickeln oft ein falsches Wertgefühl, das ihre Bedürfnisse in gewissem Grad übertüncht. Weil der Schmerz ihrer ungestillten Bedürfnisse betäubt ist, erleben sie vielleicht nie den schweren Kampf, den das Streben nach wahrer Sicherheit und echter Bedeutung mit sich bringt. Ihr Leben erscheint glücklich, kraftvoll und problemlos. Sobald ein Unbehagen die Schwelle ihres Bewußtseins erreicht, betäuben sie es durch noch mehr Aktivität, Besitz, Reisen oder was immer ihnen wichtig erscheint.

Ich frage mich, wie viele christliche Paare in finanziell abgesicherter Lage und angenehmen Lebensbedingungen wohl im Tiefsten ihrer Persönlichkeit nie eins geworden sind. Sie begraben ihre innere Sehnsucht nach Liebe und Selbstwert unter einem Berg von Erfolg. Wie schade! Wie nichtig! Besser hart mit der Wirklichkeit kämpfen, als sich mit einem bloßen Schatten begnügen.

Wer die zweite Möglichkeit wählt, wer versucht, in Leistung Befriedigung zu finden, statt das Ringen um eine echte Beziehung zu wagen, gleitet unweigerlich in eine seichte Beziehung ab, die zwar manchen Empfindungen genügt, aber nicht zur tiefen Einheit von Mann und Frau führt.

Möglichkeit 3: Die Befriedigung unserer Bedürfnisse vom Partner fordern

Unsere Bedürfnisse zu verleugnen ist also gefährlich. Falsche Befriedigung in Leistung zu suchen, führt in seichte Beziehungen. Wohin also mit unserer Sehnsucht? Die große Mehrheit der Menschen wendet sich in dieser Lage an den Ehepartner.

Bedenken wir, was vor sich gehen mag, wenn zwei Menschen heiraten. Beide haben persönliche Bedürfnisse, die nach Erfüllung schreien. Nun versprechen sie einander, eins zu werden. Während sie ihr Eheversprechen ablegen, einander zu lieben und zu achten, sind sie erfüllt von starken, doch verborgenen Motiven. Könnte ein Tonbandgerät ihre unbewußten Absichten aufzeichnen, würden wir vielleicht folgendes zu hören bekommen:

Bräutigam: Ich habe das Bedürfnis, mich als wichtig zu erleben, darum erwarte ich von dir, dieses Sehnen zu erfüllen, indem du dich allen meinen Entscheidungen beugst, seien sie gut oder schlecht; indem du mich achtest, wie immer ich mich auch verhalte, und indem du mich in all meinem Tun unterstützt. Du sollst mich als den wichtigsten Menschen in der Welt behandeln. Ich heirate dich, damit ich durch dich die nötige Bedeutung erfahre. Den Befehl Gottes an dich, dich mir unterzuordnen, finde ich ganz großartig.

Braut: Ich habe noch nirgens die Liebe gefunden, die ich von meinem Wesen her brauche. Ich erwarte von dir, dieses Bedürfnis zu erfüllen, indem du zärtlich zu mir bist, auch wenn ich schlechte Laune habe, indem du mir rücksichtsvoll begegnest, ob ich dich beachte oder nicht, und indem du meine Gefühlsschwankungen akzeptierst und mitvollziehst. Wende dich nie von mir ab!

So eine Ehe, getragen vom gegenseitigen Versprechen, einander auszunützen (und ich fürchte, die meisten Ehen sind auf dieser Basis geschlossen), könnte man als eine „Blutegel-Beziehung“ bezeichnen. Wie ein hungriger Blutegel sich gierig an sein Opfer saugt, so vereint sich jeder Partner mit dem anderen, um zu finden, was er seinem Wesen nach benötigt. Das Problem in diesem Fall ist natürlich, daß es in solch einer Ehe zwei Blutegel gibt, aber keinen Wirt.

Im Laufe der Jahre werden sich jedoch Situationen ergeben, in denen Mann und Frau einander auf tiefster Ebene brauchen. Eine Frau erzählte mir einmal von ihrer Verzweiflung, als der Arzt mit der Nachricht aus dem Operationssaal kam, soeben sei ihre vierjährige Tochter gestorben. Der Schmerz, den sie in diesem Augenblick empfand, erschütterte sie zutiefst. Wie sie sich aber in die Arme ihres Mannes fallenlassen wollte, schob er sie kalt beiseite und verließ das Krankenhaus. Sie fühlte sich gerade jetzt alleingelassen, wo sie dringend der Zusicherung bedurfte, daß ihr Leben noch sinnvoll sei. Als sie die Liebe eines Menschen brauchte, der ihr nahestand, ließ ihr Mann sie im Stich. Es gibt keine größere Qual, als ein Bedürfnis so vollständig offenzulegen und keine Hilfe zu erhalten. Und jeder Mann und jede Frau, wie ernsthaft sie auch im Glauben stehen mögen, hat oft darin versagt, dem anderen zu geben, was er braucht.

Denken Sie einen Augenblick über Ihre Ehe nach. Nagt ein Schmerz an Ihnen, den Sie nur ungern Ihrem Partner mitteilen wollen, oder gibt es ein Thema (z. B. Ihr Geschlechtsleben, gemeinsame Unternehmungen oder störende Gewohnheiten), das Sie sorgfältig umgehen? Warum? Warum fällt es uns oft schwer, dem Partner einzugestehen, was wir fühlen oder was uns bedrückt?

Alle Menschen auf dieser Welt kennen den tiefen Schmerz, abgelehnt zu werden, wenn sie sich nach Annahme sehnen. Wir haben geheiratet, um das zu ändern. Nur allzu bald aber erleben wir auch in der Ehe Kritik oder Ablehnung. Der daraus entstehende Schmerz ist zu tief, um einfach übergangen zu werden. Deshalb ziehen wir uns hinter die schützende Mauer der emotionellen Distanz zurück, sind zornig auf den Partner, der uns so schwer enttäuscht hat, und voll Angst davor, unsere Bedürfnisse nochmals offenzulegen. Wir wollen nicht noch tiefer verletzt werden.

Die umseitige Abbildung versucht diese Situation zu verdeutlichen. Wir umgeben uns mit Schutzmauern, damit der Schmerz der Ablehnung nicht in unser Herz gelangt, wo wir ihn in voller Stärke fühlen würden.

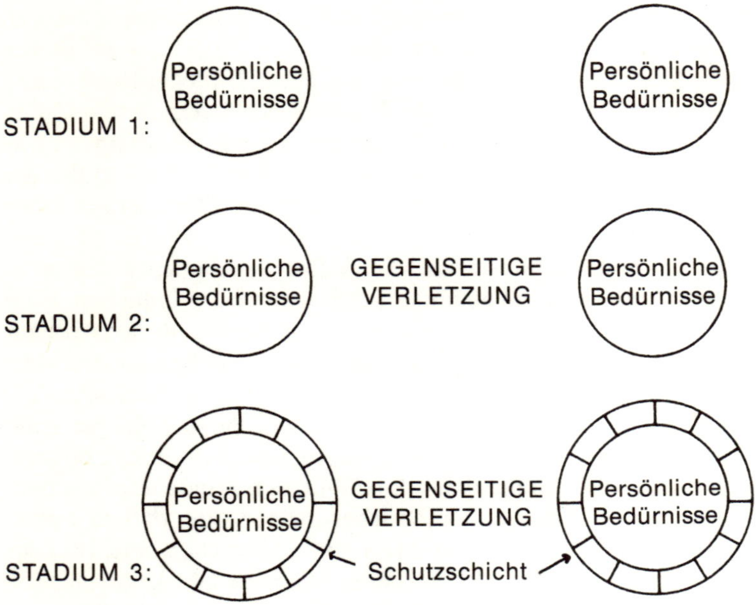

Als Schutzschicht können verschiedene Verhaltensweisen dienen. (In Kapitel 3 werden wir auf dieses Thema näher eingehen.) Die häufigsten davon sind:

– die Weigerung, tiefe Gefühle mitzuteilen;

– Zornausbrüche, sooft tiefe Gefühle verletzt werden;

– rascher Themenwechsel, wenn das Gespräch bedrohlich wird;

– Abbruch des Gesprächs oder andere Methoden, um Ablehnung oder Kritik zu vermeiden;

– Übereifer bei der Arbeit, geselligen Veranstaltungen, Einladungen, Gemeindeaktivitäten oder endlosen Plaudereien, die jedes echte Mitteilen unmöglich machen.

In jedem Fall liegt der Zweck der Schutzschicht darin, uns vor der Verletzung durch den Ehepartner zu bewahren.

Ich bin überzeugt, daß viele Ehepaare heutzutage hinter dicken Schutzmauern gefühlsmäßiger Distanz leben, die jede Hoffnung auf Förderung echter Einheit in den tiefsten persönlichen Bedürfnissen vereiteln. Was soll geschehen? Können wir nicht lernen, einander mit mehr Liebe und Einfühlsamkeit zu begegnen? Können wir die trennenden Schranken nicht niederreißen, indem wir einander annehmen, wie Gott uns um Christi willen angenommen hat? Natürlich sollten wir das. Die Bibel gebietet es uns, darum sind wir auch in der Lage dazu. Aber wir werden nie vollkommen darin werden.

Die respektvollste Frau der Welt kann das Bedürfnis ihres Mannes nach Bedeutung nicht erfüllen. Weil sie sündig ist, kann meine Frau mir nicht immer so begegnen, wie sie dies sollte; selbst wo sie alles richtig macht, hat sie nicht die Möglichkeit, mich zu einer wirklich wichtigen Aufgabe zu befähigen. Doch nur das könnte mich befriedigen.

Der liebevollste Ehemann der Welt kann das Bedürfnis seiner Frau nach Sicherheit nicht erfüllen. Alle unsere Beweggründe sind durch Selbstsucht befleckt. Wir sind unfähig, unseren Frauen die bedingungslose und selbstlose Annahme zu schenken, die sie brauchen. Nein, wir Menschen genügen einander nicht.

Lassen Sie mich die Probleme bei Möglichkeit 3 nochmals zusammenfassen: Erwarte ich die Erfüllung meiner Bedürfnisse von meiner Frau, wird unsere Beziehung belastet durch (1) *manipulative Bemühungen*, um zu bekommen, was ich brauche; (2) die *Angst* davor, meine Manipulationen könnten nicht zum Ziel führen; (3) *Zorn* und *Schmerz*, wo immer ich keinen Erfolg habe, und (4) ein nagendes (vielleicht unbewußtes) Gefühl der *Schuld*, weil meine Einstellung zu unserer Beziehung absolut ichbezogen ist. Als Folge davon ziehen wir beide uns hinter dicke Schutzmauern zurück, die jede Einheit unmöglich machen.

Wollen meine Frau und ich also zu geistlicher Einheit gelangen und im tiefsten Inneren eins werden, dann dürfen wir die Erfüllung unserer persönlichen Bedürfnisse nicht voneinander erwarten. Was sollen wir also tun?

Möglichkeit 4: Die Erfüllung unserer Bedürfnisse von Gott erwarten

Unsere persönlichen Bedürfnisse nach Sicherheit und Bedeutung können nur in der Beziehung zu unserem Herrn Jesus Christus volle Erfüllung finden. Mit anderen Worten: Was immer wir brauchen, um als Menschen richtig zu funktionieren *(nicht unbedingt, um uns glücklich und zufrieden zu fühlen!)*, finden wir zu jeder Zeit und unter allen Umständen in Christus und in dem, was er uns gibt.

1. Wir brauchen Sicherheit. Christus liebt uns mit einer Liebe, die wir nie verdient haben, die alles Schlechte an uns kennt und uns doch annimmt; einer Liebe, die wir durch nichts verdienen

oder verspielen können. Diese Liebe hat er am Kreuz bewiesen, als er sein Blut zur Sühnung für unsere Sünden vergoß und uns in eine ewige Liebesbeziehung zu Gott brachte. In dieser Liebe bin ich sicher.

2. Wir brauchen Bedeutung. Der Heilige Geist hat jeden Gläubigen befähigt, an Gottes großem Plan mitzuwirken, nämlich alles in Christus zu vereinen. Der Leib Christi wird durch die Gaben jedes einzelnen Gliedes auferbaut. Unser Wert findet darin seinen Ausdruck, anderen zu dienen, unseren Ehepartner zu ermutigen, unsere Kinder zu erziehen, Unrecht ohne Groll zu erdulden und allen unseren Aufgaben nach besten Kräften zur Ehre Gottes gerecht zu werden. Wir können in dem Wissen getrost sein, daß Gott im vorhinein gute Werke bereitet hat, in denen wir wandeln sollen (Epheser 2,10). Unser Gehorsam wird dazu beitragen, den ewigen Plan Gottes zu erfüllen. Wer diese Wahrheiten erkennt und nach ihnen handelt, gewinnt unschätzbare Bedeutung.

Auf dem Grat der Wahrheit bleiben

Unsere vierte Möglichkeit besteht also darin, die Erfüllung unserer Bedürfnisse vom Herrn zu erwarten. Alle anderen Wege scheiden aus. Aber auch hier gibt es Probleme. Unsere geistlichen Augen sind für diese Wahrheiten zu kurzsichtig. Sie sehen nur verschwommen oder gar nicht, was einem unvoreingenommen Glaubenden völlig klar wäre.

Die geistliche Wirklichkeit ist wie ein schmaler Grat, ein Schwebebalken, von dem man leicht abstürzen kann. Der Grat der Wahrheit, auf dem unsere christliche Ehe – und jede andere Beziehung auch – bleiben muß, heißt: In Christus sind wir ewig geliebt und unendlich wertvoll.

In Christus habe ich Bedeutung und Sicherheit, darum kann ich Gott gehorchen, was immer geschehen mag.

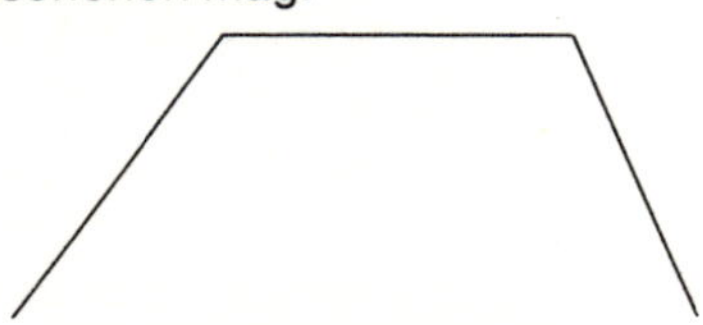

DER GRAT DER WAHRHEIT

Viele Christen sind von diesem Grat abgestürzt und in Irrtum gefallen. Geben mir entscheidende Lebensbeziehungen (Ehe, Familie, Freundschaft) oder wesentliche Umstände (Beruf, Gesundheit, Anerkennung) nicht mehr das *Gefühl* der Sicherheit oder der Bedeutung, dann fällt es mir schwer, mich fest an meinen Stand in Christus zu klammern. Sobald eine Frau ihrem Mann Verachtung entgegenbringt oder ein Mann sich gefühlsmäßig von seiner Frau zurückzieht, fällt es dem betroffenen Partner nicht leicht, mit voller Überzeugung an seiner Annahme und seinem Selbstwert in Christus festzuhalten.

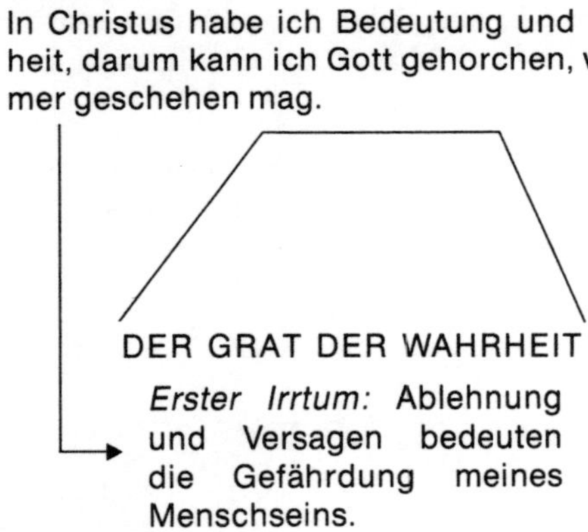

Ablehnung und Versagen können uns leicht in den ersten Irrtum stürzen: *Weil mich jemand ablehnt oder weil ich versagt habe, bin ich kein wertvoller Mensch mehr.*

Genauso ist es möglich, auf der anderen Seite vom Grat der Wahrheit abzustürzen. Daß ich „außer Christus nichts mehr brauche", läßt sich leicht in eine Abwehrhaltung verwandeln, indem ich in meinen Beziehungen zu Menschen auf Distanz gehe, um nicht verletzt zu werden. Ich wurde einmal Zeuge, wie ein einsamer, aber stolzer Mann zu einem Mitbruder sagte: „Weil ich Jesus habe, bin ich mit und ohne dich gleich wertvoll. Darum dringt deine Kritik gar nicht zu mir durch. Deine Anerkennung würde mir ebenso wenig bedeuten. Es wäre Kleinglaube, meine Gefühle von dir bestimmen zu lassen." Dieser Mann stürzte kopfüber in den zweiten Irrtum: *den Rückzug hinter unseren Wert in Christus, um dem Schmerz einer gescheiterten Beziehung auszuweichen.*

Wie reif wir geistlich auch sein mögen, wir werden den Schmerz der Trennung und Ablehnung stets voll empfinden. Und das ist gut so. Obwohl wir eine zentrale Lebensbeziehung zum Herrn haben, sollen wir weiterhin tiefe Beziehungen zu anderen Menschen aufbauen. Eine gescheiterte Beziehung tut weh. Ja, es stimmt: Christus ist uns genug, aber er ist kein „Stahlhelm“, der uns davor schützt, Schläge zu spüren. Vielmehr hilft er uns, uns biblisch zu verhalten, obwohl wir tief verletzt sind. Wie brennend der Schmerz auch sein mag, er kann weder unsere Sicherheit noch unsere Bedeutung zerstören. Um als Christen zu leben, brauchen wir nur die Sicherheit von Jesu Liebe und die Bedeutung, an seinem Heilsplan teilzuhaben. Selbst unter schwierigsten Umständen dürfen wir niemals behaupten, unsere Beziehungen zu anderen Menschen hätten keinen echten Einfluß auf uns. Das ist falsch. Richtig ist, daß uns Christus dabei hilft, weiterzumachen.

Wir können unsere Abbildung nun vervollständigen:

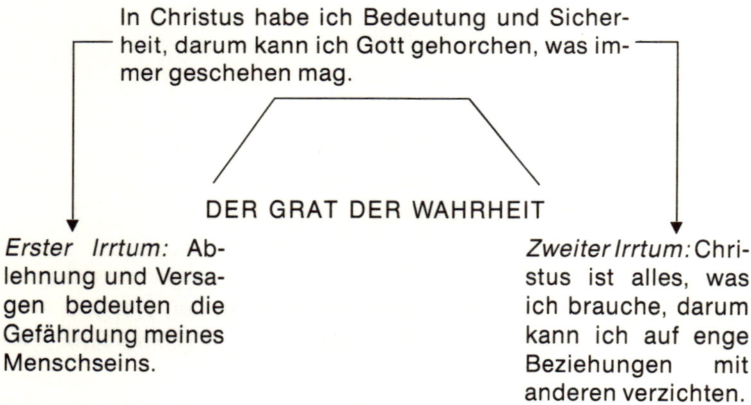

Im Rest dieses Kapitels versuchen wir zu überdenken, wie ein christliches Ehepaar geistlich eins werden kann, indem es auf dem Grat der Wahrheit bleibt.

Fragen wir uns zuerst, was wir tun können, um nicht in den ersten Irrtum zu verfallen.

Wie soll sich ein christlicher Ehepartner verhalten, wenn er die Ablehnung und Verachtung des anderen nicht mehr auszuhalten glaubt? Was tut er mit dem bohrenden Schmerz, den das mangelnde Gefühl der Sicherheit und Bedeutung hervorbringt und der ihn dahin drängt, sich hinter dicken Mauern der emotionellen Distanz zu verschanzen? Wie kann ein sich verletzt *fühlender* Ehepartner sich an die Wahrheit klammern, daß er in Christus wertvoll bleibt?

Eine Frau aus meiner Seelsorgepraxis kam zu der Erkenntnis, daß sie jahrelang ihre gefühlsmäßige Erfüllung von ihren Kindern erwartet hatte. Ihr Mann hatte sie aus seinem Leben ausgeschlossen, was in ihr einen Hunger nach Zuneigung und Liebe geweckt hatte. Ihre Kinder gaben ihr die nötige Zuneigung. Daraufhin weigerte sie sich hartnäckig, ihrem Mann liebevoll und herzlich entgegenzukommen, weil sie im tiefsten Inneren Angst hatte, er könne ihrer Zuneigung mit Kälte begegnen.

Ich erklärte ihr, sie habe ihre persönlichen Bedürfnisse von ihrem Ehemann abhängig gemacht, weshalb ihre Beziehung grundsätzlich ichbezogen und manipulativ sei. Sie schüttelte den Kopf und antwortete: „Ich weiß, daß ich mein Bedürfnis nach Liebe in Gott erfüllt sehen soll. Aber wohin mit meinem Schmerz und meiner Angst? Ich glaube ja an Gottes Liebe, aber ich fühle sie nicht in mir."

Ich empfahl ihr drei Schritte, um wieder den Grat der Wahrheit zu erklimmen.

Schritt 1: Die eigenen Gefühle vor Gott eingestehen

Oft meinen Christen, sie seien verpflichtet, Freude und Glück zu heucheln, wenn sie sich schlecht fühlen. Weil wir nicht unglücklich sein sollen, verleugnen wir negative Gefühle. Nach Hebräer 4,15 kann unser Hoherpriester Christus jedoch mit uns mitfühlen, wenn wir schwach sind. Wie falsch ist es demnach, unsere Gefühlsnöte vor ihm zu verbergen und uns so die Befriedigung einer bedingungslosen Annahme zu verweigern.

Ich ermutigte diese Frau, ihren Schmerz vor Gott einzugestehen und offen im Gebet auszudrücken, was sie fühlte. Viele Christen reagieren darauf, indem sie in zerknirschtem Tonfall hervorpressen: „Herr, bitte vergib mir, daß ich mich verletzt fühle!" Das meine ich gar nicht. Wir sollen keine Reue heucheln, wenn wir uns verletzt fühlen. Versagt uns vor Zorn oder Schmerz die Stimme, dann gestehen wir doch dem Allmächtigen offen und ehrlich, wie es tatsächlich um uns steht.

Diese Frau betete schließlich: „Herr, ich glaube, ich halte es nicht mehr aus. Ich möchte schreien, davonrennen, um mich schlagen. Ich will mich nicht so fühlen, aber es ist so. Ich komme mir wertlos vor, leer, traurig und zornig. Danke, daß du mich genauso liebst, wie ich bin."

Schritt 2: Sicherheit und Bedeutung in Christus beanspruchen

Eine der zentralen Wahrheiten des Christseins ist, daß unsere Gefühle niemals bestimmen müssen, was wir glauben oder was wir tun. Ich versuchte dieser Frau klarzumachen, daß Christus sie trotz der Ablehnung ihres Mannes unendlich liebte und ihr grenzenlosen Wert verlieh. Um diese Wahrheit zu verdeutlichen, bat ich sie, sich ihre Gedanken als Tonband vorzustellen. Wann immer ihr Mann sie in irgendeiner Weise ablehnte, begann das Tonband zu laufen: „Wenn mein Mann mich ablehnt, ist mein Bedürfnis nach Liebe unerfüllt. Um mich geliebt zu fühlen, brauche ich meinen Mann."

Daß Christus unsere persönlichen Bedürfnisse nicht erfüllen kann, ist eine Satanslüge. Ich schrieb ein neues „Tonband" auf ein Blatt Papier und bat sie, dieses neue Band einzulegen (sich selbst vorzusagen), sobald sie Ablehnung von ihrem Mann verspürte. Das neue Band lautete: „Mein Mann ist lieblos zu mir. Das tut mir weh, sogar sehr. Aber wie immer er mich behandelt, Christus liebt mich in diesem Augenblick vollkommen und unaussprechlich. Seiner Liebe bin ich sicher."

Schritt 3: Erneuerung des Vorsatzes, dem Ehepartner zu dienen, denn wie immer er reagieren mag, er kann mir nichts von meinem Wert nehmen

Weil der Glaube (das richtige Tonband) ohne Werke tot ist, konnte jene Frau den Grat der Wahrheit nicht erklimmen, bevor sie dieses neue Band auslebte. Weil sie in Christus sicher war, brauchte sie keine Angst mehr davor zu haben, sich ihrem Mann ganz hinzugeben und sich dadurch verwundbar zu machen. Daß sie das nicht schon längst getan hatte, ist Sünde und als solche zu bekennen. An der Buße führt kein Weg vorbei.

Ich bat sie, sich eine Felsklippe vorzustellen. Sie stand am Rand des Abgrunds und blickte in die Tiefe. Der Abgrund versinnbildlichte alles, wovor sie Angst hatte, auch die Zurückweisung durch ihren Ehemann. Solange sie nicht sprang, war sie sicher. Sie brauchte den bohrenden Schmerz der Zurückweisung durch ihren Mann nicht zu empfinden, solange sie auf Distanz zu ihm blieb. Jedesmal, wenn sie vor ihm zurückschreckte, Vorwürfe gegen ihn erhob oder sich hinter Schutzmauern verschanzte, erneuerte sie ihren Beschluß, auf dem Felsen der gefühlsmäßigen Sicherheit zu bleiben.

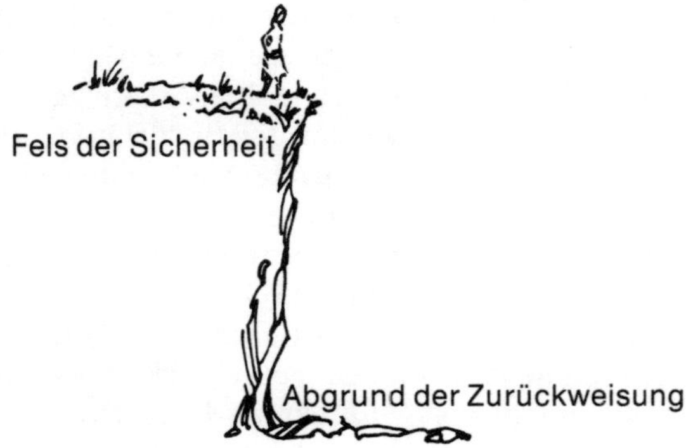

Nach der biblischen Vorstellung der Ehe jedoch mußte sie sich rückhaltlos ihrem Ehemann hingeben, um ihm zu helfen, daß er sich wertvoll und bedeutsam fühlte. Um dem Herrn gehorsam zu werden, mußte sie vom Felsen der Sicherheit und Distanz abspringen und die Zurückweisung durch ihren Ehemann riskieren. Mit angsterfüllten Augen blickte sie mich an: „Wenn ich mich ihm hingebe, wird er mich nochmals verletzen. Damit kann ich nicht mehr fertigwerden!"

Da bat ich sie, sich vorzustellen, wie ein starkes Seil um ihre Hüfte geschlungen war, das Seil der Liebe Gottes, das der Herr in der Hand hielt. Solange sie auf dem Felsen blieb, war das Seil schlaff, weil es ihr Gewicht nicht trug. Ihr Gewicht ruhte auf dem Felsen, nicht am Seil.

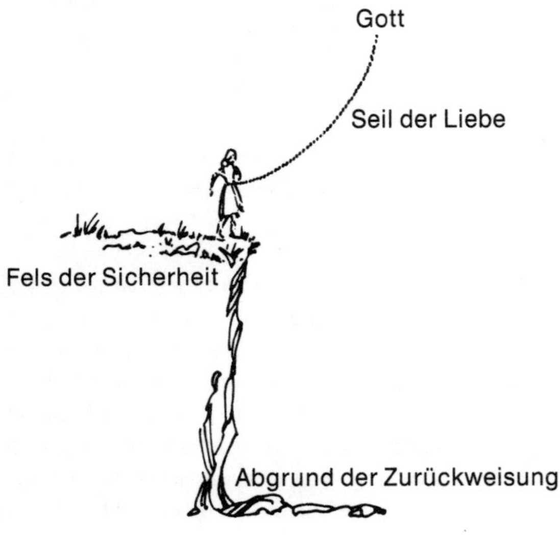

Eines war klar: Von der Sicherheit des Felsens aus konnte sie die Kraft des Seils nicht *fühlen*. Um am eigenen Leib zu erfahren, daß Christus völlige Sicherheit gewährt, mußte sie springen, mußte sie den Fels der Sicherheit verlassen, um den Bedürfnissen ihres Mannes zu begegnen, koste es, was es wolle. Sie konnte nicht behaupten, alle ihre Bedürfnisse dem Herrn anvertraut zu haben, bevor sie von dem Fels absprang. Wer nicht über dem Abgrund der Zurückweisung baumelt, einzig von der Liebe Gottes gehalten, kann nicht wissen, daß Christus sein Bedürfnis nach Sicherheit erfüllt. Die Angst dieser Frau hielt sie auf dem Fels zurück. Aber „die völlige Liebe treibt die Furcht aus" (1. Johannes 4,18). Diese Liebe können wir nicht kennenlernen, ehe wir uns ganz und gar auf sie verlassen.

Aufmerksam betrachtete die Frau meine Zeichnung. „Ich weiß nun, was Sie meinen, aber die Angst geht deshalb nicht weg. Wenn ich nur daran denke abzuspringen, zittere ich am ganzen Körper."

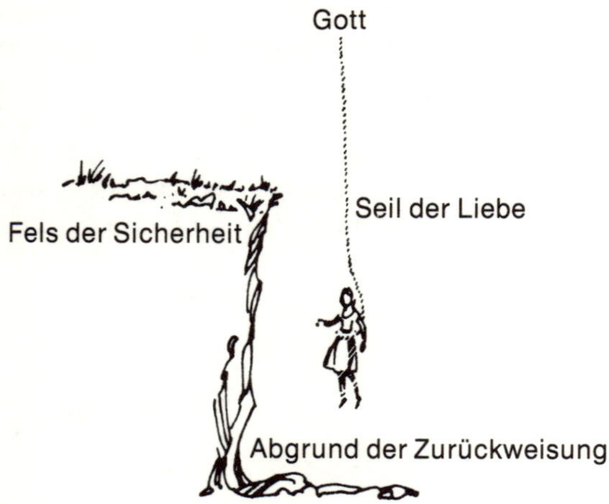

Diese Bemerkung veranlaßte mich zu einer weiteren Ergänzung. Nachdem ich meine Furcht überwunden habe und vom Fels der Sicherheit abgesprungen bin, vergehen *Momente der Angst*, bevor das Seil der Liebe gespannt ist und mein Gewicht über dem Abgrund trägt. Es ist wie beim Fallschirmspringen: Wenn ein Springer das Flugzeug verläßt, fällt er einige Sekunden ohne jeden Halt, bis sich der Fallschirm öffnet. Für den angsterfüllten Christen, der diesen „Glaubenssprung" wagt, kann es eine Stunde, einen Tag, eine Woche, ein Jahr oder noch länger dauern, bis er Christi Liebe als echte persönliche Sicherheit empfindet. In dieser Zeitspanne zwischen dem Absprung und der empfundenen Sicherheit in Christus wird die Angst alles bisher Dagewesene übersteigen. Während dieser Zeit ist es absolut notwendig, sich auf das Wort Gottes zu verlassen. „Zuflucht ist unter den ewigen Armen" (5. Mose 33,27). „Wenn mir gleich Leib und Seele verschmachtet, so bist du doch, Gott, allezeit meines Herzens Trost und mein Teil" (Psalm 73,26).

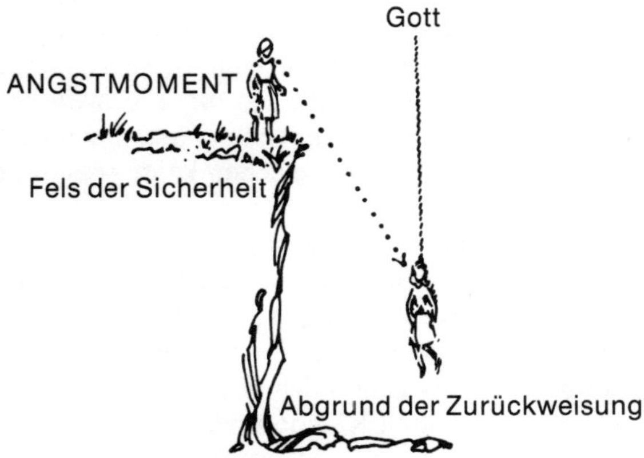

Fassen wir zusammen: In Krisenzeiten haben wir oft schwer damit zu kämpfen, unser Gefühl für die eigene Bedeutung aufrechtzuerhalten. Wir vergessen dann leicht, daß die Grundlage unserer Annahme in Gott liegt. Um nicht dem Irrtum zu verfallen, uns selbst wegen Zurückweisung oder Versagen als minderwertig zu betrachten, müssen wir:

Schritt 1: den Schmerz der Verletzung und Minderwertigkeitsgefühle vor dem Herrn offen zugeben;

Schritt 2: an der Gewißheit festhalten und uns beständig daran erinnern, daß uns Sicherheit und Bedeutung in Christus auf ewig zugesichert sind;

Schritt 3: aufgrund dieser Wahrheit zur Tat schreiten, indem wir uns genau dem aussetzen, was wir fürchten (Zurückweisung, Versagen, Blamage, Kritik usw.), wobei wir uns auf Gottes starke Liebe verlassen, die unsere Angst überwinden kann.

Das Problem der gefühlsmäßigen Distanz

Nun zu der Frage, wie wir uns vor dem zweiten Irrtum hüten können. Wer vom Grat der Wahrheit in den zweiten Irrtum abstürzt („Gott ist alles, was ich brauche, darum benötige ich dich nicht"), zerstört damit jede Aussicht auf geistliche Einheit. Zwar sind unsere Bedürfnisse in Christus voll und ganz erfüllt, aber im Normalfall gebraucht der Herr den Ehepartner als sein Werkzeug, um uns unseren persönlichen Wert auch fühlbar zu machen. Christus allein schenkt uns Sicherheit und Bedeutung, aber oft (keinesfalls immer!) ist es der Ehepartner, der uns hilft, uns vollwertig zu *fühlen*.

Gottes Befehl an Männer wie Frauen lautet, sich einander unterzuordnen, das heißt, die *Bedürfnisse* des anderen an die erste Stelle zu setzen. Meine Aufgabe ist es, mich um die tiefsten Bedürfnisse meiner Frau zu sorgen, damit sie erleben kann, was es bedeutet, geliebt und geachtet zu sein.

Wollen wir dieser Aufgabe gerecht werden, müssen wir wissen, wie unser Verhalten dem anderen seine eigene Sicherheit und Bedeutung in Christus bewußt machen kann. Dabei werden wir nicht umhin können, dem Partner tiefen Einblick in unsere Persönlichkeit zu gewähren. Nichts kann mich besser mit meiner Frau eins machen, als ihr von meinen Kämpfen zu berichten, von meinen Enttäuschungen, Verletzungen, Ängsten und unerfüllten Sehnsüchten.

Es erfordert großen Mut, jemanden an unseren innersten Kämpfen Anteil nehmen zu lassen. Ich stehe nackt und ungeschminkt vor meiner Frau. Wird sie meine Ängste einfach ignorieren? Wird sie mich verachten? Wird sie mich auslachen oder kritisieren? Sollte sie mich wirklich ablehnen, muß ich mich in Christi Arme werfen, der allein mir Sinn verleihen kann. Hört sie mir aber zu und nimmt sie mich mitsamt meinen Problemen und Enttäuschungen an, entsteht zwischen uns eine Nähe, die mir ganz neu verdeutlichen kann, wie wertvoll ich in Christus bin. Diese Nähe, wenn ich meiner Frau tiefen Einblick in mein Innerstes gewähre, wie ihn sonst niemand erhält, ist ein wesentliches Element der geistlichen Einheit.

Um die Gratwanderung der Wahrheit zu bestehen und zu dieser Einheit zu gelangen, müssen beide Partner Probleme nicht als Anlaß betrachten, sich hinter einer Schutzmauer zu verschanzen, sondern als Gelegenheit, einander besser dienen zu können. Ich möchte das durch ein persönliches Beispiel verdeutlichen.

Vor einigen Wochen stiegen meine Frau und ich nach der Bibelstunde ins Auto, als sie mit vor Zorn und Schmerz erstickter Stimme sagte: „Du hast mir vorhin wirklich wehgetan, als du sagtest: ... und ich bin noch immer so wütend, daß ich es gar nicht ausdrücken kann."

Wie gelangt man von diesem Punkt zu geistlicher Einheit? Wählen Sie aus den folgenden Möglichkeiten jene aus, die Sie für die beste halten:

1. Ich könnte sie einfach ignorieren, denn am nächsten Morgen würde sie vielleicht wieder freundlich und am Abend wieder liebevoll sein. Warum über eine Sache reden, die in einen Streit ausarten und alles nur schlimmer machen könnte? Vielleicht habe ich versagt und sie enttäuscht, aber bei Christus bin ich immer noch angenommen.

2. Ich könnte mich verteidigen: „Mag sein, daß ich etwas falsch gemacht habe, doch ich wollte dir nicht wehtun." Oder ich könnte einen Gegenangriff starten: „Schon gut, aber auch du hast mir wehgetan", oder: „Du bist ganz schön empfindlich. Du solltest mehr Vertrauen zum Herrn haben", oder: „Also dann erzähl mir mal, warum du jetzt wieder eingeschnappt bist."

3. Ich könnte versuchen, einer möglicherweise peinlichen Aussprache durch eine rasche Entschuldigung zuvorzukommen.

Sollten Sie sich für eine dieser Reaktionen entschieden haben als Möglichkeit, um ihre Ehe zu fördern, dann haben Sie dieses Buch wirklich nötig.

Obwohl ich es besser wissen müßte, habe ich leider den zweiten Weg (Verteidigung und Gegenangriff) gewählt. Unser Gespräch entwickelte sich etwa folgendermaßen:

Ich: „Was habe ich jetzt schon wieder falsch gemacht?" (Versteckter Angriff auf ihre Überempfindlichkeit.)
Sie: „Du hast mich vor allen Leuten blamiert, als du sagtest: ..."
Ich: „Aber Liebling! So war das doch gar nicht gemeint. Du hast mich vollkommen mißverstanden." (Verteidigung und Gegenangriff.)
Drei Sekunden Pause
Sie: „Jedenfalls war ich wirklich verletzt und bin es jetzt noch."
Ich: „Na gut, es tut mir leid. Ist das okay?" (Übergang zur dritten Möglichkeit: eine rasche Entschuldigung, um das Gespräch abzubrechen.)
Dreißig Minuten eisiges Schweigen

Während des zweiten, längeren Schweigens wurde mir bewußt, daß ich den Weg zur geistlichen Einheit nicht gefunden hatte. Meine Frau und ich waren nicht zu jenem tiefen Gefühl des Angenommenseins in Christus vorgedrungen, das uns befähigt, die gegenseitigen Bedürfnisse zu verstehen und ihnen zu begegnen. Ich war aber dennoch wertvoll durch Gottes Liebe zu mir und seinen Plan für mein Leben, ob ich eben gerade ein guter Ehemann gewesen war oder nicht. Meine Bedeutung in Christus sollte sich nicht im Rückzug von meiner Frau äußern, sondern im erneuerten Bemühen, ihr zu dienen. Ich begann von neuem das Gespräch, diesmal mit einem *anderen Ziel.* Vorher wollte ich mich selbst schützen, indem ich mich verteidigte; nun war ich entschlossen, den Vorfall besser zu verstehen und herauszufinden, wodurch ich sie verletzt hatte, damit ich sie in Zukunft besser lieben konnte. Unser zweites Gespräch nahm etwa folgenden Verlauf:

Ich: „Schatz, ich glaube, ich habe dir wirklich wehgetan. Mir ist aber nicht klar, warum du so reagiert hast. Bitte hilf mir, dich zu verstehen. Wollen wir nicht darüber reden?"

Sie: „Ich weiß nicht, ob ich das schaffe. Mir ist noch immer zum Heulen zumute."

Ich: „Das verstehe ich. Ich möchte mich wirklich bessern, damit du weißt, wie sehr ich dich liebe. Ich habe dir Unrecht getan, und ich will daraus lernen."

Sie: „Ich weiß, daß du mich liebst. Aber manchmal kommst du mir so gefühllos vor. Ich glaube, was ich brauche, ist..."

Fast eine Stunde sprachen wir über unsere Bedürfnisse und darüber, wie Gott uns gebrauchen kann, um einander heil zu machen statt wehzutun. So kamen wir der geistlichen Einheit näher, jener tiefen Nähe, die nur Menschen kennen, die sich in ihren tiefsten Bedürfnissen angenommen wissen.

Zusammenfassung

Hier nochmals in aller Kürze die Hauptpunkte dieses Kapitels:

1. Wir alle haben ein tiefes Bedürfnis nach Sicherheit und Bedeutung, das nur in einer Beziehung erfüllt werden kann.
2. Viele Menschen gehen falsch mit ihren Bedürfnissen um, indem sie –
   a) deren Existenz leugnen und *persönliche* Bedürfnisse durch *körperliche* Lust zu erfüllen suchen;

b) sich mit dem Schein von Befriedigung in Form von Leistung, Anerkennung, Wohlstand und anderem zufriedengeben, was nie wirkliche Sicherheit und echte Bedeutung hervorbringen kann;
c) Sicherheit und Bedeutung vom Ehepartner erwarten. Das aber führt zu einer manipulativen Beziehung, in der jeder den anderen zur persönlichen Befriedigung mißbrauchen will. Weil niemand vollkommen genug ist, um die persönlichen Bedürfnisse des Ehepartners zu erfüllen, führt solch eine manipulative Beziehung unweigerlich zu Konflikten.

3. Nur Christus kann unsere Bedürfnisse erfüllen, das heißt, uns mit ewiger Sicherheit und echter Bedeutung ausstatten. Darum müssen wir von ihm erbitten, was wir als Persönlichkeit brauchen.
4. Es fällt uns schwer, unseren Wert in Christus als wirklich und greifbar zu erfahren. Um unsere Sicherheit und unsere Bedeutung in Christus subjektiv und gefühlsmäßig erleben zu können, müssen wir
   a) uns ganz in seine liebenden Arme werfen, damit wir uns rückhaltlos dem Partner hingeben können, um dessen Bedürfnissen selbst dann noch zu dienen, wenn er mit Zurückweisung reagiert;
   b) schonungslos erforschen, ob unser Verhalten dem anderen hilft oder ihn davon abhält, sich selbst als wertvoll anzunehmen.

Geistliche Einheit können wir definieren als eine Beziehung zwischen Mann und Frau, in der beide Partner

1. in vollkommener Abhängigkeit vom Herrn leben, der ihre persönlichen Bedürfnisse erfüllt, und
2. sich rückhaltlos einander hingeben, um sich
   a) nach Gottes Plan im Leben des anderen gebrauchen zu lassen; und
   b) schonungslos zu erforschen, ob das eigene Verhalten dem anderen hilft oder ihn davon abhält, sich selbst als wertvoll anzunehmen.

Kapitel 3

Seelische Einheit
A: Manipulation oder Dienst

Die Ältesten einer Gemeinde trugen dem Pastorenehepaar ein sehr ernstes Anliegen vor: Seit ungefähr einem Jahr wuchs in der Gemeinde das Empfinden, der Pastor werde seiner Aufgabe nicht mehr gerecht. Irgend etwas stimmte nicht, nur wußte niemand, was. In den letzten Monaten jedoch erkannten die Verantwortlichen: Es ging um die Ehe des Pastors.

Die Ältesten waren sich einig, daß die Frau des Pastors immer mehr in ihrem Dienst an schwierigen Jugendlichen aufging. Vielleicht forderte sie dieser Dienst zu sehr, und ihre Pflichten als Ehefrau standen deshalb hintenan. In dem Maße, wie die Seelsorgearbeit der Pastorsfrau anwuchs, wurde auch ihr Mann durch Sitzungen, organisatorische Angelegenheiten und Routineaufgaben immer mehr in Anspruch genommen. Schließlich verkümmerte sein Kontakt zur Gemeinde, ohne den er seiner Aufgabe als Hirte nicht wirklich gerecht werden konnte, fast völlig.

Obwohl niemand genau zu sagen vermochte, wie der Rückzug des Pastors mit der Tätigkeit seiner Frau in der Seelsorge zusammenhing, wurde den Ältesten klar, daß die Ehe der beiden nicht in Ordnung war. Als sie in einer Sondersitzung ihre Besorgnis offen darlegten, reagierten beide tief gekränkt. Ein heftiger Wortwechsel folgte, und erst nach etlichen scharfen Worten erklärte sich das Paar bereit, einen Eheberater aufzusuchen.

Einige Wochen später betraten die beiden mein Büro – mit einem besonders herzlichen Gruß, der wohl ihre Nervosität verbergen sollte. Ich eröffnete ihnen, die Ältesten ihrer Gemeinde hätten mir in einem Brief ihre Beobachtungen und Anliegen mitgeteilt, worauf der Pastor mir mit Vehemenz versicherte, er weise diese Anschuldigungen voll und ganz zurück. Ihre Ehe sei so intakt wie eh und je und gänzlich auf Christus ausgerichtet. Auch seine Frau erklärte, sie liebe ihren Mann von ganzem Herzen, und sie habe der Familie immer den Vorrang vor anderen Verpflichtungen gegeben.

Wie sich im Gespräch rasch herausstellte, hegte dieses Paar keinen Zweifel daran, Christus innigst zu lieben. Beide wußten, daß er sie bedingungslos angenommen hatte, und das verlieh ihnen Sicherheit und persönliche Bedeutung. Doch obwohl ihre Kenntnis der Wahrheit weit über bloße intellektuelle Zustimmung hinausging, wurde mir schnell klar, daß hier etwas fehlte: Das Feuer aus ihrer Beziehung war längst erloschen. Statt Spontaneität und Herzlichkeit herrschte eine steife und kühle Freundlichkeit.

In meiner Seelsorge fordere ich meine Klienten gewöhnlich auf, konkrete Ereignisse der jüngeren Vergangenheit miteinander zu besprechen, um mir Aufschluß über ihren Umgangston zu verschaffen. Der Pastor erzählte davon, wie sie kürzlich miteinander in eines ihrer Lieblingsrestaurants ausgegangen waren. Als sie noch beim Essen saßen, wurde seine Frau dringend gebeten, mit einem Mädchen zu sprechen, das von zu Hause ausgerissen und soeben von der Polizei gefaßt worden war. Ich fragte den Pastor, was er empfunden hatte, als seine Frau ihn allein zurückließ, um sich diesem Notfall zuzuwenden.

Er lächelte und antwortete: „Sie hat wirklich ein großes Herz für diese Kinder. Gott hat ihr einen einzigartigen und wichtigen Dienst anvertraut."

Ich aber fuhr unbeeindruckt fort: „Ich frage mich, ob Sie sich nicht manchmal wünschen, einen Abend mit ihrer Frau verbringen zu können, ohne durch ihren Dienst gestört zu werden. Wollen Sie nicht wenigstens einmal die volle und ungeteilte Aufmerksamkeit Ihrer Gattin genießen?"

„Natürlich", erwiderte er, „aber ich halte ihre Aufgabe für überaus wichtig, und wir haben beide unser Leben darauf ausgerichtet, jeden Auftrag auszuführen, den Gott für uns hat."

Hier mischte sich seine Frau ins Gespräch: „Ich glaube, hier sind Sie wirklich auf der falschen Spur. Mein Mann ist mir wichtiger als alles und jedes außer Gott und dem Dienst in seinem Reich. Ich glaube nun einmal daran, daß Gott uns zusammengestellt hat, um anderen zu dienen. Mein Mann arbeitet in der Gemeinde, und ich helfe, so gut ich kann, um den Mädchen einen Halt zu geben. Ich wüßte beim besten Willen nicht, was daran falsch sein sollte."

Ist diese Ehe in Ordnung oder nicht? Leben diese zwei Menschen in der Einheit, die Gott gewollt hat? Sie wissen wohl darum, daß ihre Bedürfnisse in Gott erfüllt sind. Sie weihen sich ganz dem Dienst für Christus. Dennoch scheint irgend etwas in ihrer Beziehung aus dem Gleichgewicht geraten zu sein. Aber was?

Was bedeutet seelische Einheit?

Viele gläubige Ehepaare wissen mehr oder weniger, was es mit der geistlichen Einheit auf sich hat: Christus kann mein Bedürfnis nach Sicherheit und Bedeutung voll und ganz erfüllen; darum bin ich zur Befriedigung meiner Bedürfnisse nicht auf den Partner angewiesen, sondern kann mich der Aufgabe widmen, mich ihm hinzugeben, denn der Herr schenkt mir Kraft, wenn meine eigenen Reserven aufgebraucht sind. Nicht wenigen Ehepaaren ist klar, daß sie im Vertrauen auf Gottes Verheißungen vom Felsen der Sicherheit in den Abgrund der Zurückweisung springen können, weil das Seil der Liebe Christi sie halten wird, selbst wenn alle anderen Stricke reißen.

Für die meisten Christen aber ist das bloßes Kopfwissen. Sehr viele Paare denken nicht darüber nach, was es in der Praxis heißt. Wenn diese Einsichten jedoch nicht im Alltag umgesetzt werden, bleiben sie wirkungslos. Eine Wahrheit, die wir nicht konsequent ausleben, kann niemals einen tiefen Einfluß auf unser Leben zeitigen.

Was ich als geistliche Einheit bezeichnet habe, führt notwendigerweise und wie von selbst in eine neue Art des Umgangs miteinander, die ich „seelische Einheit" nennen möchte.

Sooft die Bibel über die Fähigkeit des Menschen spricht, Umgang mit Gott zu pflegen, redet sie vom *Geist* des Menschen oder von seiner geistigen Natur (z. B. in Johannes 4,24). Wird jedoch „... das Wort ‚Seele' verwendet, um das nichtmaterielle Wesen des Menschen zu beschreiben, ist gewöhnlich die Beziehung zum Nächsten angesprochen."[1]

Bei der geistlichen Einheit geht es mir vor allem um die Beziehung des einzelnen Partners zu Gott und darum, wie diese geistliche Beziehung mit den Bedürfnissen nach Sicherheit und Bedeutung zusammenhängt. Sobald der Brennpunkt sich jedoch auf die Beziehungen zwischen Mann und Frau untereinander verlagert, kommt mir die Bezeichnung *seelische Einheit* passender vor.

Wie ich den Plan Gottes verstehe, soll die geistliche Einheit, die Mann und Frau genießen können, weiterführen zu einer zwischenmenschlichen (oder seelischen) Einheit. *Diese Einheit erwächst aus dem beidseitigen, bewußten und rückhaltlosen Vorsatz, sich von Gott gebrauchen zu lassen, um auf einzigartige, machtvolle und bedeutsame Weise die persönlichen Bedürfnisse des Partners anzusprechen.* Oder, einfacher gesagt, während es bei der geistlichen Einheit darum geht, daß jeder einzelne seine persönlichen Bedürfnisse dem Herrn anvertraut, liegt die Grundlage der seelischen Einheit darin, sich gegenseitig um die Erfüllung der Bedürfnisse des Partners zu kümmern.

Wie so viele christliche Ehepaare hatten der Pastor und seine Frau kein klares Verständnis dessen, was eine Beziehung ausmacht, die auf gegenseitigen Dienst ausgerichtet ist. Wie sich bei einer genaueren Analyse herausstellte, lag ihrer Ehe nicht der Vorsatz zugrunde, einander zu dienen, sondern sich weit genug voneinander zu entfernen, um nicht innerlich verletzt zu werden. Keiner der beiden wußte wirklich (1) um die tiefen, nagenden Sehnsüchte, die sich hinter der geistlich getünchten Fassade des anderen verbargen, noch (2) um die ungeahnten Möglichkeiten beider, den Sehnsüchten des anderen zu begegnen.

Sie hatten zwischen sich eine Schranke aufgerichtet, die jede echte Fühlungnahme verhinderte. Sie wirkte sich ähnlich aus wie ein Glasfenster zwischen zwei Menschen, die einander küssen wollen: Der Schein des Echten war gewahrt, das Gefühl jedoch blieb aus, alles war kalt und steril. Nichts weniger als ein bewußter Übergang vom heimlichen *Vorsatz der Manipulation* zum unermüdlichen *Vorsatz zu dienen* konnte diese Schranke niederreißen und eine reiche, intime und erfüllende Beziehung der seelischen Einheit schenken. Was aber bedeutete das nun im einzelnen?

Welches Ziel verfolgen wir?

Alles, was wir tun, ist auf ein Ziel gerichtet. Wir sind keine Tiere, die automatisch und ohne zu denken eine programmierte Reaktion ausführen. Auch sind wir nicht hilflos inneren psychischen Kräften ausgeliefert, die uns erbarmungslos in ihre Gewalt zwingen, ob wir wollen oder nicht. Zwar fühlen wir uns oft so, als täten wir Dinge, die wir nicht wollten, in Wahrheit aber ist jede Handlung auf ein Ziel ausgerichtet, das uns, wenn auch vielleicht nur unterbewußt, erstrebenswert erscheint.

In unserem tiefsten Inneren finden sich Überzeugungen darüber, wie wir unseren Selbstwert erhalten, uns vor der Verletzung unseres Ehrgefühls schützen, wie wir glücklich werden und Schmerz vermeiden können. Als Kinder übernehmen wir unsere Lebensvorstellungen von den Eltern (Was macht sie glücklich? Wo leiden sie?), unseren Lehrern, dem Fernseher usw.

Weil der Teufel der Fürst dieser Welt ist und weil unser gefallenes Ich von Natur aus jene Lebenshaltungen bevorzugt, die sich gegen Gott richten, sind wir alle voll von *falschen Vorstellungen*, wie wir Lebenssinn und Liebe finden können. Meine Vorstellung davon, was ich brauche, gibt zugleich das Ziel vor, nach dem ich strebe. Bin ich davon *überzeugt*, Nahrung zu benötigen, setze ich es mir zum *Ziel*, mir etwas zu essen zu besorgen. *Vorstellungen bestimmen Ziele.*

Nehmen wir an, ein Junge wird von Eltern großgezogen, die ihn vernachlässigen und sich statt dessen eigenen Interessen zuwenden. Er wird mit der Vorstellung aufwachsen, niemand kümmere sich um seine Bedürfnisse. Diese falsche Vorstellung treibt ihn später dazu, nach *völliger Unabhängigkeit* zu streben, um nicht verletzt zu werden.

Speziell Kindheitstraumata führen zu falschen Vorstellungen, die erstaunlich schwer abzubauen sind. Stellen wir uns ein Mädchen vor, das ihre Mutter weinen sieht, weil der Vater am Abend nicht heimkommt. Dieses kleine Mädchen lernt daraus, daß alle Männer ihre Frauen verletzen. Im Unterbewußtsein setzt sie sich daher das Ziel, ihre Gefühle nie an einen Mann zu binden. Heiratet sie, wird sie sich bemühen, die Distanz zu wahren, sich nie ganz der Liebe ihres Mannes hinzugeben, sich nie rückhaltlos ihm zu öffnen.

Ein Junge, dessen Vater sich ausschließlich um den beruflichen Erfolg kümmert, wird zu der Vorstellung gelangen, nur wer es „zu etwas bringt", könne sich wohlfühlen (oder zur eigenen Bedeutung finden).[2] Er macht sein Ansehen und seinen beruflichen Erfolg zum Lebensziel. Verliebt er sich, wird sein sündiges Ziel ihn dazu bringen, sich für eine Frau zu entscheiden, die seiner Karriere förderlich ist.

An diesem Punkt möchte ich kurz wiederholen:

1. Wir alle entwickeln falsche *Vorstellungen* darüber, wie wir Sicherheit und Bedeutung erlangen können.

2. Diese Vorstellungen richten sich auf ein *Ziel*, das unser Handeln bestimmt. Dieses Ziel wird zu einem Lebensprinzip, nach dem wir unser Bemühen ordnen.

3. Unsere Handlungsweise können wir am besten durchschauen, wenn wir uns fragen: „Was will ich damit erreichen be-

ziehungsweise verhindern?", oder: „Was ist mein Ziel?" Kennen wir einmal unsere Ziele, vermögen wir auch die dahinterstehenden falschen Grundannahmen aufzudecken und zu bekämpfen.

Was hat dies nun mit der Ehe zu tun? Überdenken Sie die folgenden Beispiele:

Situation 1:	Nachdem die Kinder im Bett sind, legt er seine Hand zärtlich auf ihren Oberschenkel und sagt: „Mein Schatz, du bist einfach wunderbar. Ich liebe dich."
Situation 2:	Als er vom Abendessen aufsteht und seine Aktenmappe zu packen beginnt, fragt sie: „Mußt du heute abend denn schon wieder ins Büro?"
Situation 3:	Nach einem anstrengenden Tag mit drei kleinen Kindern wird die Mutter mit dem Ältesten ungeduldig und versetzt ihm einen Klaps, weil er nicht gehorcht. Papa blickt von seiner Zeitung auf und sagt: „Aber Liebling, sei nicht so grob zu ihm!"

Fragen wir nun die jeweiligen Sprecher in diesen Beispielen, was das *Ziel* war, das sie zu ihrer Äußerung bewegte. Der romantische Ehemann in Situation 1 würde wahrscheinlich sagen: „Ich will meiner Frau zeigen, wie sehr ich sie liebe." Die enttäuschte Ehefrau in Situation 2 meint vielleicht: „Ich will, daß er sich mehr Zeit für die Familie nimmt." Der hilfsbereite Papa in Situation 3 antwortet: „Ich will ihr klarmachen, wie falsch das ist, was sie tut. Meine Rolle als geistliches Oberhaupt der Familie besteht doch darin, ihr zu helfen, ihre Aufgabe als Frau und Mutter so gut wie möglich zu erfüllen."

Wenn wir unsere Beweggründe im Umgang mit dem Ehepartner zu erforschen suchen, muß uns eines klar sein: Ohne die Hilfe des Heiligen Geistes können wir weder die Wahrheit erkennen noch persönliche Konsequenzen daraus ziehen. Unser trügerisches Herz macht uns unfähig, ohne übernatürliche Hilfe unsere wahren Ziele zu sehen.

Das Gewissen des gefallenen Menschen ist ein wunderbares Werkzeug des Selbstbetrugs. Es ist fähig, nur jene Motive wahrzunehmen, die unser heißgeliebtes Selbstverständnis als wohlwollende und gutherzige Menschen unterstützen. All die häßlichen und selbstsüchtigen Ziele, denen wir tatsächlich nachgehen, vermögen wir auszublenden oder zu verkleiden. Einzig der Geist

Gottes, der sich der offenbarten Wahrheit der Heiligen Schrift bedient, kann unser trügerisches Herz überführen und unsere selbstsüchtigen Beweggründe bloßlegen. Seien wir darum bemüht, uns der Erleuchtung des Geistes zu öffnen, sonst wird das hier Gelesene wirkungslos bleiben, und es wird uns nicht gelingen, unsere verborgenen und falschen Ziele im Umgang mit dem Ehepartner aufzudecken.

Denken wir nochmals über unsere drei Beispiele nach. Der liebevolle Ehemann in Situation 1 läßt seiner Frau kaum die Möglichkeit, ihn zu mißverstehen: „Ich will mit dir ins Bett." Würde man ihm dies vorhalten, könnte er sein Ziel mit der Mahnung des Apostels Paulus an die Verheirateten untermauern, sich dem ehelichen Umgang nicht zu entziehen (1. Korinther 7,1–5). Vielleicht würde er sich auf sein legitimes Verlangen berufen, eine sich unterordnende und liebevolle Frau zu haben. Die ungeschminkte Wahrheit ist jedoch: Sein Ziel besteht darin, seine Frau den eigenen Wünschen gefügig zu machen, wobei er kaum an ihr Bedürfnis denkt, sich geliebt und geachtet zu fühlen, statt gedrängt und gebraucht.

Ein Ehemann in meiner Seelsorge hielt mir hierzu entgegen: „Aber meine Frau hat gar keinen Grund, sich abgelehnt und ungeliebt zu fühlen. Ich liebe sie wirklich. Ich wünsche mir nur eine wärmere Reaktion von ihr. Kann das denn falsch sein?"

Natürlich ist nichts, aber auch gar nichts gegen eine warme, sinnliche und körperliche Ehebeziehung einzuwenden. Es ist ganz und gar nicht falsch, sich nach dem ehelichen Akt zu sehnen und sich eine gefügige Frau zu wünschen. Es ist auch nichts dagegen einzuwenden, dieses Verlangen dem Partner mitzuteilen. Sobald aber das Verlangen nach einer willigen Frau *zur Hauptmotivation* wird, sobald das eigene Ziel vornehmlich darin besteht, den anderen zur Erfüllung der eigenen Sehnsüchte zu bringen, wie legitim diese Sehnsüchte auch sein mögen, liegt ein Verstoß gegen die Liebe und somit eine Sünde vor. Das zentrale Kennzeichen der Liebe ist immer ihre Konzentration auf die Bedürfnisse *des anderen*. Jedes Gespräch zwischen zwei Ehepartnern muß vordergründig darauf ausgelegt sein, den tiefsten Bedürfnissen des anderen nach Sicherheit und Bedeutung zu genügen. Natürlich darf ich mir von meiner Frau eine bestimmte Reaktion wünschen. Sollte diese Reaktion aus irgendeinem Grund aber nicht eintreten, muß ich meinem Ziel des Dienstes treu bleiben, indem ich das enttäuschende Verhalten des Partners ohne Murren und ohne Drängen hinnehme. Diesem Hinnehmen liegt mein Wissen um ihre tiefsten

Bedürfnisse nach Liebe zugrunde und mein Vorsatz, mein Bestes zu geben, um diesen Bedürfnissen zu begegnen.

Ein Ehemann, der dieses Ziel des Dienstes am anderen durch das Ziel der Manipulation zugunsten seiner selbst ersetzt, macht sich einer ernsten Fehldeutung der Liebe Christi zu seiner Braut schuldig.

Nun zum zweiten Beispiel. Was ist das eigentliche Ziel hinter der sanften Frage der Ehefrau: „Mußt du denn heute abend schon wieder ins Büro?“ Ihr gar nicht so verborgenes Ziel ist es, ihren Mann zum Dableiben zu bewegen. Es geht ihr nicht darum, dem Bedürfnis ihres Mannes nach Achtung und Annahme zu begegnen, sondern sie will die Erfüllung ihrer eigenen Sehnsüchte.

„Schön und gut“, hält sie dem Seelsorger entgegen, „aber er ist so selten zu Hause bei den Kindern. Sie leiden schrecklich darunter und haben mir das auch zu verstehen gegeben. Glauben Sie nicht, daß ein Vater Zeit mit seinen Kindern verbringen sollte? Gehört das nicht zu seiner christlichen Vaterpflicht?“

Die Antwort ist natürlich: Ja! Die Frage geht jedoch am Kern der Sache vorbei. Der Frau sollte es nicht darum gehen: „Was soll mein Ehemann tun?“, sondern: „Was soll mein vorrangiges Ziel sein, wenn ich mit ihm spreche?“ Als sie ihren Mann bittet, zu Hause zu bleiben, verleiht sie nicht nur ihren Sehnsüchten Ausdruck; ihr eigentliches Ziel besteht vielmehr darin, ihren Mann durch Manipulation dazu zu bringen, seinen Pflichten zu genügen. Der Kernpunkt ist ihre Motivation, nicht ihre Frage, wie berechtigt oder unberechtigt sie auch immer sein mag. In ihren Bemühungen, ihn zur Erfüllung ihrer wohlgemeinten Vorstellungen zu überreden, finden wir keinen Gedanken des opferbereiten Dienstes an seinen Bedürfnissen nach Selbstwert und Achtung. Darum ist ihre Motivation falsch, und ihre Handlungsweise wird ihre Ehe noch weiter von der seelischen Einheit entfernen.

Der Ehemann in Beispiel 3, der seine Frau zurechtweist, weil sie den Jüngsten grob behandelt hat, kümmert sich nur um das *Fehlverhalten* seiner Frau, nicht aber um ihre *Bedürfnisse*. Sein Ziel ist es, ihr Fehlverhalten zu korrigieren, nicht ihren Bedürfnissen zu dienen. Hätte ein Tonband seine Gedanken aufzeichnen können, als seine Frau dem Kleinen einen Klaps gab, hätten wir wohl vergeblich einen Satz wie den folgenden gesucht: „Ich glaube, meine Frau ist zu ungeduldig, aber ich will achtgeben, sie keine Ablehnung oder Kritik fühlen zu lassen. Vor allem will ich ihr zeigen, daß ich sie liebe.“

Weil er sich nicht bewußt bemüht, ihr zu dienen, besteht sein eigentliches Ziel darin, seine Frau Mißbilligung fühlen zu lassen, damit sie ihr Kind künftig besser behandelt. Wo immer unser Handeln darauf ausgerichtet ist, den anderen zu verändern, egal ob diese Veränderung zum Guten oder zum Schlechten ist, handeln wir falsch. Solange unser Ziel nicht darin besteht, Liebe zu schenken, weil wir um die Bedürfnisse des Partners wissen, manipulieren wir, statt zu dienen. *Der Schlüssel zur seelischen Einheit liegt darin, sich dem Dienst an den tiefsten Bedürfnissen des Partners zu verschreiben und dieses Ziel über alles andere zu stellen.*

Das Prinzip des Dienstes

In Epheser 4,29 unterweist uns Paulus: „Lasset kein faul Geschwätz aus eurem Munde gehen, sondern was gut ist und das Nötige fördert, das redet, auf daß es Segen bringe denen, die es hören."

„Faul" ist, was verfällt und verrottet. Paulus warnt uns vor Worten, die wertlos sind, und ermahnt uns zu einer Sprechweise, die dauerhaft und auf ein klares Ziel ausgerichtet ist: darauf, die Bedürfnisse anderer zu erfüllen.

Hierin sehe ich ein Kernprinzip des zwischenmenschlichen Umgangs, das jedes Gespräch zwischen Christen lenken soll. Ohne Zweifel ist dieses Prinzip gerade in einer intimen Gemeinschaft wie der Ehe anzuwenden. Ich darf nichts sagen, was diesem Grundziel entgegensteht, nämlich die Bedürfnisse des anderen zu erfüllen. Jedes Wort, das sich die Veränderung des anderen zum *Ziel* setzt, ohne zuerst und bewußt auf sein Wohl ausgerichtet zu sein, ist wertlos. Es hat keinen ewigen Sinn, es verfault, es verfällt.

In der Ehe stehen alle Worte, die sich nicht oder nur schwer mit dem Vorsatz zu dienen vereinbaren lassen, dem Plan Gottes entgegen und werden nicht zu größerer seelischer Einheit führen. Unserem romantischen Ehemann mag es gelingen, seine Frau gefügig zu machen; die unglückliche Ehefrau mag ihren Mann überreden, zu Hause zu bleiben; dem kinderfreundlichen Papa mag es glücken, daß seine Frau in seiner Gegenwart nie mehr ihre Stimme gegen die Kleinen erhebt. Aber alle drei erreichen keine seelische Einheit in ihrer Ehe. Es wird zu einer Veränderung kommen, und diese wird ihnen vielleicht positiv erscheinen. Das ersehnte Gefühl der intimen Gemeinschaft aber wird ausbleiben.

Hier eine Definition des Prinzips des Dienstes, von dem jede seelische Einheit abhängt:

Mann und Frau sollen ihre Ehe als Gelegenheit betrachten, auf einzigartige und besondere Weise einem anderen Menschen zu dienen. Sie sollen sich von Gott gebrauchen lassen, um ihrem Ehepartner zu einem tieferen Empfinden seiner Bedeutung und Sicherheit in Jesus Christus zu verhelfen.

Wesentlich an diesem Prinzip ist, daß unsere Sicherheit und Bedeutung von Christus kommt. Meine Liebe zu meiner Frau kann nicht das Geringste dazu beitragen, daß sie in der Liebe Christi auf ewig sicher ruht. Auch kann andererseits mein Versagen in der Liebe zu ihr nicht an ihrer Sicherheit rütteln. Aber meine fühlbare, körperlich gegenwärtige Liebe kann meiner Frau *zu einem tieferen Erleben des Geliebtseins durch Christus verhelfen*. Die Tatsache ihrer Sicherheit kann ich nicht beeinflussen, wohl aber ihr *Gefühl* der Sicherheit.

Ebenso kann die respektvolle Unterordnung meiner Frau meine Bedeutung als Knecht Christi nicht vermehren, wohl aber mein Bewußtsein um diese Bedeutung erhöhen. Stellen Sie sich vor, jemand würde in meinem Garten Öl finden. Er hätte mich damit nicht reich gemacht; das Öl war ja schon lange da. Aber erst seine Entdeckung bringt mir diesen Reichtum zu Bewußtsein. Ein Ehemann kann seine Frau nicht sicher machen; eine Ehefrau kann die Bedeutung ihres Mannes nicht erhöhen, beides kann nur Christus geben. In dem Augenblick, in dem jemand sein Leben Christus als Heiland und Herrn anvertraut, hat er Sicherheit und Bedeutung. Aber ein Ehepartner kann dem anderen diese Tatsache zu Bewußtsein bringen und ihm helfen, seinen Reichtum in Christus intensiver zu erfahren.

Ein Ehepaar, das zur seelischen Einheit findet, erkennt die gewaltigen Möglichkeiten des Dienstes, welche die Ehe mit sich bringt. Tiefen Einfluß auf einen anderen Menschen nehmen zu können, um ihm sein Heil in Christus in erfüllender Weise erfahrbar zu machen, ist eine gewaltige Aufgabe. Der höchste Gott hat mich aus den Milliarden Menschen dieser Welt ausersehen, einen einzigartigen Dienst zu tun: meine Frau mit der unübertrefflichen, umfassenden Liebe eines Ehemannes zu lieben. Wie armselig ist es, diese Verantwortung als lästige Pflicht zu betrachten!

Das Prinzip der Manipulation
(und wie Manipulation die seelische Einheit zerstört)

Um besser verständlich zu machen, warum das Prinzip des Dienstes notwendigerweise Fundament für die Einheit in der Ehe darstellt, möchte ich an einem Beispiel aufzeigen, wie das Gegenteil davon, das Prinzip der Manipulation, eine Beziehung zerstören kann.

Annas Eltern ließen sich scheiden, als Anna sieben Jahre alt war. Sie bekam ihren Vater nur selten zu Gesicht und empfing nie Liebe von ihm. Ihre Mutter konnte die Scheidung nie ganz verwinden und verbrachte die meiste Zeit damit, genug Geld zum Überleben zusammenzubringen und sich das Dasein irgendwie lebenswert zu gestalten. Verständlicherweise fühlte sich Anna nie geliebt. Sie gelangte zu der Überzeugung, sie müsse einen starken, liebevollen Mann heiraten, der sich eng an sie binden würde, um sich das Glück zu verschaffen, das ihre Mutter nicht gefunden hatte. Hinter diesem Bedürfnis nach Liebe verbarg sich jedoch eine stille Furcht: „Werde ich diese Liebe jemals finden?“ Wir könnten Anna als Kreis darstellen, in dessen Zentrum eine nagende Angst steht. Sinnbild für diese ängstliche Unsicherheit ist ein Minuszeichen:

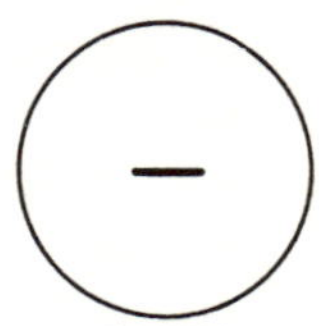
ANNA

Karls Vater war ein erfolgreicher Rechtsanwalt, der, nach seinem Terminkalender zu schließen, Anerkennung und Karriere über alles stellte. Aus Karls Sicht führte die Karriere seines Vaters zu Glück und Erfüllung. So gelangte Karl zu der Überzeugung, seine persönliche Bedeutung hinge von seinem beruflichen Erfolg ab. Während seiner Ausbildung an Schule und Universität fürchtete Karl insgeheim, er könnte sein Ziel – beruflich und finanziell erfolgreich zu sein – nicht erreichen. Auch Karl war deshalb mit einem Minuszeichen behaftet, dem Symbol für die Angst, sein Ziel zu verfehlen.

Vergegenwärtigen wir uns die psychische Ausgangsposition dieser zwei Menschen, die sich eines Tages heiraten werden. Anna

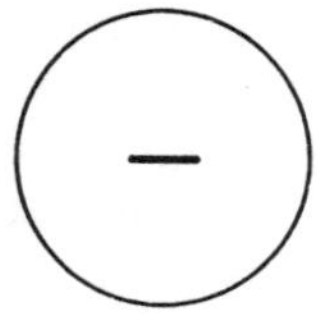

KARL

hatte ihre Sicherheit von einem starken, treuen Mann abhängig gemacht, der ganz anders war als ihr Vater. Ihr Ziel bestand darin, diesen Mann zu finden und von ihm Sicherheit zu bekommen. Karl wiederum meinte, Bedeutung erwachse aus dem beruflichen Erfolg, zweifelte jedoch an seiner Fähigkeit, diesen tatsächlich zu erringen. Sein Ziel war es deshalb, erst Bedeutung zu erlangen und dann die Karriereleiter emporzusteigen.

Als die beiden sich kennenlernten, lebte Anna durch Karls Zuwendung sichtlich auf. Sie las ihm jedes Wort von den Lippen ab, lachte begeistert über seine Scherze und bewunderte offen seine guten Eigenschaften. Anna hielt ihn für einen starken, selbstbewußten, zielstrebigen und liebevollen Mann.

Auch Karl fühlte sich wohl in Annas Gegenwart und schloß daraus, daß er sie liebe. Was Karl als Liebe empfand, war jedoch nichts anderes als die Zuneigung zu einer Frau, die sein Selbstbewußtsein stärkte.

Anna hielt Karls Zuneigung fälschlicherweise für echte Liebe und sah in ihm ein Mittel, jene Sicherheit zu erreichen, die sie so lange ersehnt und nie bekommen hatte. Ihr Gefühl der Verbundenheit mit Karl war ganz auf ihre Erwartung dessen gestützt, was Karl für sie tun würde, nicht aber darauf, wie sie Karl helfen könnte.

Weil diese beiden ihre persönlichen Bedürfnisse voneinander abhängig gemacht hatten, konnte sich in ihrer „Blutegel-Beziehung" keine geistliche Einheit entwickeln. Und weil ihre Beweggründe selbstsüchtig waren, verfehlten sie das Prinzip des Dienstes und bauten ihre Beziehung statt dessen auf dem Prinzip der Manipulation auf. Wir sehen, wie manipulative Beweggründe die Entwicklung seelischer Einheit blockieren.

Während ihrer ersten Ehemonate wurde Anna, wie die meisten jungen Ehefrauen, mehrmals von ihrem Mann enttäuscht. Ein liebevoll zubereitetes Mahl fand nicht das erwartete Lob; seine Unlust, im Haushalt mitzuhelfen, schien ihre Arbeit abzuwerten; ihr Verlangen danach, einfach umarmt zu werden, endete auf Karls

Drängen oft im Bett; ein Kratzer am Auto erntete eine beißende Bemerkung. Jede dieser Kränkungen verletzte sie zutiefst, und ihre geheime Angst, abgelehnt zu werden, erwachte erneut: „Wird diese Beziehung mir nichts als Schmerz bereiten? Ich könnte es nicht verkraften, wenn meine Hoffnungen auf Liebe so rasch enttäuscht würden."

Um die wachsende Furcht aushalten zu können, umgab sich Anna mit einer Schutzschicht, die weitere Verletzungen verhindern sollte. Sie kümmerte sich vermehrt um ihre eigenen Bedürfnisse und sah kaum noch Grund, sich Karl zuzuwenden. Sie dachte sich: „Wenn er nur ein bißchen liebevoller wäre oder es mir gelingen könnte, genügend Abstand zwischen uns zu schaffen, dann ließe sich der Schmerz, von ihm abgelehnt zu werden, vielleicht lindern." Sie machte es sich daher zum Ziel, die Beziehung zu Karl so unter Kontrolle zu bekommen, daß ihre eigenen Bedürfnisse erfüllt oder geschützt waren. Der Kreislauf der Manipulation lief an. Das zeigte sich in Bemerkungen wie: „Liebling, warum kannst du mich nicht einfach umarmen, ohne gleich mit mir ins Bett zu wollen?", oder: „Ich bin dir wohl gar nichts mehr wert?", oder: „Du bist irgendwie ganz anders zu mir als vor der Hochzeit." Hinter diesen „ehrlichen Gefühlsäußerungen" (eine Ausrede, die bei vielen ungeistlichen Versuchen zur Erneuerung einer Beziehung herhalten muß und die schlimme Folgen haben kann) verbarg sich die Entschlossenheit, weitere Verletzungen zu vermeiden. Ihre Ehe sah nun folgendermaßen aus:

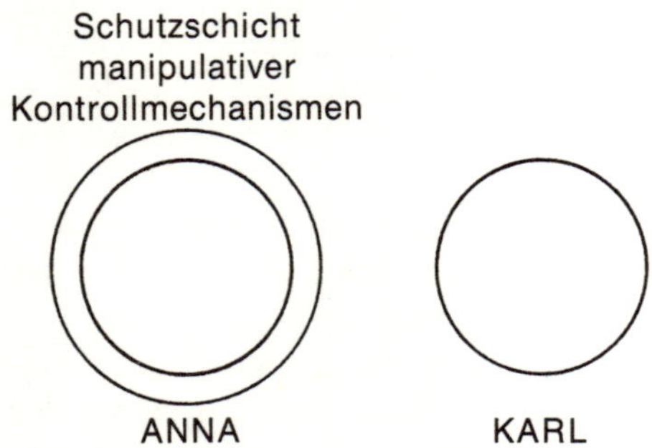

Nun zu Karl. Auch er hatte Anna in manipulativer Absicht geheiratet: Er wollte sein Selbstbewußtsein stärken, um mehr Erfolg zu haben. Als Anna ihm zu signalisieren begann, daß er ihren Erwartungen nicht entsprach, erhielt sein Selbstbewußtsein einen schweren Schlag. Seine Angst, den ersehnten Erfolg nicht zu erzielen, verstärkte sich. Wer Schmerz empfindet, versucht verständlicherweise alles, um den Schmerz zu verringern. So begann Karl sich vor dem Bewußtsein seiner eigenen Unzulänglichkeit zu schützen, indem er sich von Anna zurückzog. Er machte es zu seinem Ziel, die Möglichkeit weiterer Verletzungen von vornherein auszuschließen. Sein Bemühen um die eigenen Bedürfnisse schloß jede Zuwendung zu Anna und ihren Bedürfnissen aus; er war von seiner Angst bestimmt. Auch er handelte nach dem Prinzip der Manipulation.

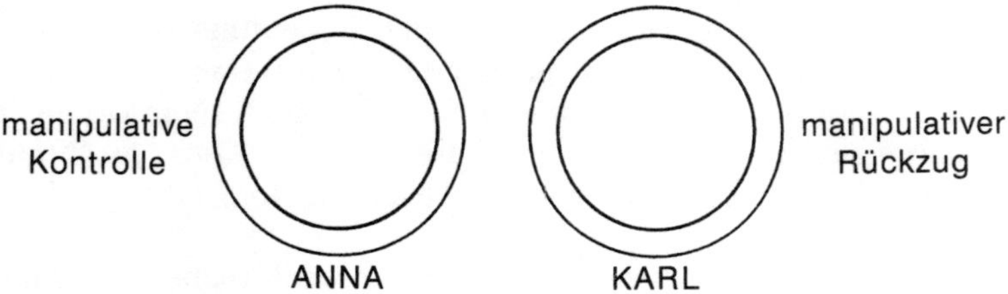

Der Teufelskreis schließt sich: Je mehr Karl sich zurückzieht, desto stärker wird Annas Angst, abgelehnt zu werden. Je größer diese Angst, desto mehr versucht sie, Karl zu manipulieren, um sich selbst zu schützen. Im gleichen Maße, wie sie sich bemüht, ihn zu verändern, indem sie ihm sein Versagen vorhält, wächst auch sein Gefühl der Unzulänglichkeit. Je stärker er aber in Annas Gegenwart diese Unzulänglichkeit empfindet, desto mehr zieht er sich wiederum zurück. Und je weiter er sich zurückzieht, desto größer wird ihre Angst. So dreht sich die Spirale, bis zwei einsame Menschen hoffnungslos mit dicken, selbsterrichteten Schutzwällen umgeben sind, die eine echte Gemeinschaft unmöglich machen. Leider handelt es sich dabei nicht nur um zwei fehlgeleitete arme Seelen, die sich nach Intimität sehnen, sondern zugleich um zwei selbstsüchtige Menschen, die sich ganz dem Prinzip der Manipulation verschrieben haben. Die Mauern zwischen ihnen werden kaum weichen, bevor sie sich scheiden lassen oder sterben. Keiner der beiden verschwendet auch nur einen Gedanken darauf, sich von Gott gebrauchen zu lassen, um die Angst des anderen zu überwinden.

Aus diesem Gefängnis der Angst führt nur ein Weg: Die Beziehung muß auf einem völlig anderen Fundament von Grund auf neu erbaut werden. Beide Partner müssen das Ziel der Manipulation aufgeben und sich dem Dienst am anderen widmen. Diese Umwälzung ist nur durch übernatürlichen Eingriff möglich. Anders gelingt sie niemals.[3]

Neue Ziele anstreben

Ohne Gottes Kraft können wir unsere Ziele nicht ändern. Bevor ich um die Erfüllung meiner Bedürfnisse in Christus weiß, wird die Leere in mir mich dazu bewegen, meine eigenen Bedürfnisse voranzustellen. In dem Augenblick, da ich durch den Glauben das vergossene Blut Christi als volle Bezahlung meiner Schuld annehme, trete ich in eine Beziehung mit dem unendlich liebenden Gott ein und erhalte meinen Lebenssinn aus ihm, so daß meine tiefsten Bedürfnisse nach Sicherheit und Bedeutung erfüllt sind. Darum bin ich von der selbstsüchtigen Konzentration auf die eigenen Bedürfnisse befreit, denn diese sind ja erfüllt. Nun kann ich anderen aus der eigenen Fülle weitergeben, statt durch sie meine Leere füllen zu müssen. Erst jetzt habe ich die Möglichkeit, selbstlos zu leben.

Denken wir darüber nach, wie diese übernatürliche Umwandlung unserer Ziele stattfinden kann, nachdem die Grundlage der Rechtfertigung gelegt ist. Aus menschlicher Sicht sind drei Elemente notwendig, um von der Manipulation zum Dienst zu gelangen:

Element 1:	Eine andauernde Entschlossenheit, sich dem Dienst am anderen zu widmen.
Element 2:	Ein umfassendes Wissen um die Bedürfnisse des Partners.
Element 3:	Die Überzeugung, Gottes auserwähltes Werkzeug zur Begegnung dieser Bedürfnisse zu sein.

Element 1: Eine Entscheidung zum Dienst

Die Entschlossenheit zum Dienst entsteht nicht von selbst. Es genügt nicht, die Bibel zu studieren, zu beten und gute christliche Literatur zu lesen, um die richtige Motivation zu erlangen. Obwohl ein konsequentes Gebetsleben notwendig ist, damit diese Veränderung dauerhaft und gründlich bleibt, handelt es sich beim Übergang von der Manipulation zum Dienst vor allem um eine bewußte Entscheidung, oder besser: eine Kette von bewußten Entscheidungen. Selbstlose Beweggründe entwickeln sich nicht, indem man einfach „sich selbst los- und Gott wirken läßt". Der Geist Gottes bewegt unsere Herzen und Sinne und befähigt uns zu Buße und Gehorsam. Zuerst muß ich aber Gott beipflichten, daß jede Manipulation zur Erfüllung der eigenen Bedürfnisse Sünde ist. Ich muß mich von meiner Sünde abwenden im Glauben an einen guten Gott, der mich einen guten Weg führt (Buße). Dann muß ich den Entschluß fassen, den Weg des Dienstes zu beschreiten (Gehorsam).

Jeder von uns hat täglich mehrere charakterprägende Entscheidungen zu treffen. Bevor ich ein Gespräch mit meiner Frau beginne, muß ich mir bewußt und willentlich vornehmen: „Mein Ziel ist es, meiner Frau jetzt zu helfen, ihren eigenen Wert zu erkennen. Was kann ich tun, um das zu erreichen?" Vielleicht schreit mein Inneres gerade danach, mich selbst zu verteidigen, sie zu kritisieren oder andere manipulative Techniken anzuwenden. Bei diesem inneren Kampf muß ich mich dafür entscheiden, ihr Gefühl des Geliebtseins zu stärken. Bei diesem Entschluß bin ich auf die Kraft des Heiligen Geistes angewiesen, damit ich meinen Vorsatz auch ausführe. Die Entscheidung aber liegt bei mir selbst.

Unser natürlicher Widerwille dagegen, uns rückhaltlos dem anderen hinzugeben, gründet sich auf die hartnäckige Furcht, hintergangen zu werden, sobald wir ohne manipulative Zielsetzungen etwas von uns preisgeben. Wir fürchten, zu kurz zu kommen. Bestenfalls werden wir enttäuscht, schlimmstenfalls vernichtet.

Gott aber ist treu. Wir dürfen seiner vollkommenen Liebe vertrauen, dann vertreibt sie unsere Furcht. Denn sooft wir in seinem Namen uns selbst dem Ehepartner hingeben, wird Gott uns auf übernatürliche Weise mit dem Bewußtsein seiner Gegenwart belohnen. Freilich kann es einige Zeit dauern, vielleicht Monate, bevor wir sein Werk an uns wahrnehmen. Die Bereitschaft, uns rückhaltlos hinzugeben, entsteht nicht aus der bloßen Entscheidung, selbstlos zu sein. Der „Schmutzfleck" der Selbstsucht auf der „weißen Weste" unserer Motive muß oft in die Waschmaschine, bevor er nicht mehr zu sehen ist. Wir werden immer wieder von neuem beschließen müssen, dem Partner zu dienen, und viel Zeit mit Gott verbringen müssen, bis wir wissen, was es bedeutet, zu geben. Unsere Aufgabe ist es, unbeirrbar zu lernen und im Gehorsam vorwärtszugehen, nicht nachzulassen und nicht müde zu werden im Vertrauen, daß Gott unsere bewußte und bleibende Motivation, ihm gehorsam zu sein, belohnen wird. Sollte der Ehepartner noch mehr nörgeln, noch mehr dem Alkohol zusprechen oder unsere Bemühungen, ihm zu dienen, ablehnen, müssen wir trotzdem im Gehorsam weitergehen, denn unsere Verantwortung vor Gott besteht darin, zu gehorchen und ihm zu vertrauen, was immer sein Plan ist.

Element 2: Ein Wissen um die Bedürfnisse des Partners

Erinnern wir uns an das Pastorenpaar, dessen Ehe intakt, aber weder intim noch erfüllend war. Meine Hauptaufgabe in der Seelsorge an ihnen bestand darin, jeden von ihnen auf die eigenen, brennenden Bedürfnisse aufmerksam zu machen und sie zu ermutigen, diese Bedürfnisse dem anderen mitzuteilen.

Meiner Überzeugung nach wissen die meisten Eheleute wenig von der nagenden Sehnsucht im Herzen des Partners. Ein Stein in der Schutzmauer, mit der sie sich umgeben, heißt „Scheinbare Zusammengehörigkeit" oder „Ich schaffe das schon" beziehungsweise „Mir geht es gut, dir hoffentlich auch?" Ein selbstsicheres Lächeln im Verein mit geistlichen Binsenweisheiten wie „Alles wirkt zum Besten" tarnen oft das tiefe Verlangen nach Annahme. Wir sehnen uns unaussprechlich nach jemandem, der uns kennt, wie wir sind – geängstigt, verzagt, verzweifelt, zornig, lüstern –, und der uns dennoch annimmt.[4]

Darum ist es durchaus mit dem Prinzip des Dienstes vereinbar, meinem Ehepartner ehrlich zu sagen, wer ich bin. Ich soll mich wohl nicht beklagen, wie schlecht es mir geht. Ich habe mir vorzuhalten, daß meine eigenen Bedürfnisse in Christus erfüllt sind, und meinem Ehepartner mitzuteilen, wie ich unsere Beziehung empfinde. Mein Ziel ist es dabei, mich selbst offenzulegen und verwundbar zu machen, wobei ich eine verständnisvolle Annahme durch den anderen zwar ersehnen, aber nicht fordern darf.

Warum hatte der Pastor Angst davor, seiner Frau zu sagen, was er in Wirklichkeit von ihrem zeitraubenden Dienst hielt? Er fürchtete, sie könnte mit Gleichgültigkeit, Überraschung oder Kritik reagieren. Welches Ziel verfolgte er somit, indem er seine Bedürfnisse nicht mitteilte? Sich selbst vor Schmerz zu bewahren. Ihm ging es in erster Linie um die eigenen Bedürfnisse. Seine Weigerung, ihr seine verletzten Gefühle einzugestehen, begründete er damit, daß er ihr nicht in den Rücken fallen und ihrer wichtigen Aufgabe an den jungen Mädchen nicht im Weg stehen wollte. Seine eigentliche Motivation war jedoch Selbstschutz und Manipulation. Wollte er dem Prinzip des Dienstes gerecht werden, mußte er sich die eigenen Gefühle eingestehen und sie seiner Frau mitteilen.

Auch sie vermochte sich ihre Ängste nicht einzugestehen. Jahrelang hatte sie ihre Sehnsucht nach einer tiefen Beziehung verdrängt und sich mit der Ersatzbefriedigung einer wichtigen Arbeit begnügt, weshalb sie ihre eigenen Bedürfnisse kaum noch erkennen konnte. Es waren mehrstündige intensive Gespräche nötig, um einige wohlverwahrte Verletzungen und langgehegten Groll aufzudecken. In einer weiteren Sitzung konnte sie diese Gefühle schließlich ihrem Mann mitteilen.

Es hat wenig Sinn zu beschließen, unserem Ehepartner zu dienen, ehe wir uns bewußt gemacht haben, wie sehr der andere unseren Dienst braucht. Einer meiner Klienten hat das sehr gut ausgedrückt: „Meine Frau ist so stark und genügt sich selbst so sehr, daß sie meine Liebe gar nicht nötig hat. Das hieße Eulen nach Athen tragen. Ich habe ihr einfach nichts zu bieten." Weil viele Eheleute keine Ahnung davon haben, in welchem Maße ihr Dienst für den Partner bedeutsam sein könnte, ist es unumgänglich, sich über die tiefsten Bedürfnisse des anderen Klarheit zu verschaffen. Wir können bewußt eine Atmosphäre der vorbehaltlosen Annahme fördern, damit unser Partner die Angst verliert, sich zu öffnen. Sollte er dies trotzdem nicht wagen, sind dennoch sehr wohl tiefe Bedürfnisse vorhanden, wenn auch verborgen. Wir müssen um Weisheit beten, um zu erkennen, wie wir diesen Bedürfnisse begegnen können.

Element 3: Ein Bewußtsein, Gottes auserwähltes Werkzeug zum Dienst am Partner zu sein

Viele von uns haben mit dem Gefühl der Unzulänglichkeit und Unfähigkeit zu kämpfen, als hätten wir keine Möglichkeit, dem Ehepartner wirklich zu helfen. Beziehungen sind kompliziert. Menschen sind kompliziert. Oft kommen wir uns ungeschickt vor und haben keine Ahnung, was wir tun sollen: „Ich kann machen, was ich will, es bleibt alles beim alten." „Er ist mir ein Rätsel. Ich kann mir überhaupt nicht vorstellen, was ich noch versuchen könnte. Alles geht unweigerlich schief."

Ganze Bücher sind über die Prinzipien wirksamer Kommunikation geschrieben worden. Ich habe einige davon gelesen. Dennoch stehe ich oft vor einem großen Fragezeichen, weil diese Prinzipien in konkreten Problemfällen nicht funktionieren. Doch trotz unserer Verwirrung und Unfähigkeit muß uns Christen eines bewußt werden: Unser Gott hat keinen Fehler gemacht, als er uns beauftragte, die tiefsten Bedürfnisse unseres Partners zu erfüllen. Egal unter welchen Voraussetzungen zwei Menschen geheiratet haben, Gott verleiht jedem verheirateten Menschen die einzigartige Gelegenheit, dem Partner auf besondere Weise zu dienen.

Der Pastor und seine Frau fühlten sich völlig überfordert, als sie von den Bedürfnissen des anderen erfuhren. Beide hielten sich für unfähig, dieser Aufgabe am Partner gerecht zu werden. Sie fürchteten, ihre Bemühungen könnten schiefgehen und sie könnten bei der Wiederherstellung ihrer Beziehung hoffnungslos versagen. Doch ist die einzige Voraussetzung für rechtes Dienen das unumschränkte Vertrauen auf Gott, und gerade dieses Vertrauen erwächst aus dem Gefühl der Unzulänglichkeit. Sobald wir zugeben, wie schwach wir sind, können wir in Christus bleiben und das Wachstum der Frucht ihm überlassen (Johannes 15,1–8).

Sind diese drei beschriebenen Elemente alle gegeben, ist es möglich, von der Manipulation zum Dienst überzugehen. Wie das funktioniert, möchte ich nun an einem Beispiel verdeutlichen. Denken wir aber daran: Wenn wir nicht vorsätzlich und unablässig das Ziel des Dienstes vor Augen haben, wird unser natürliches, automatisches Ziel immer wieder darin bestehen, den Ehepartner zu unserem Vorteil zu manipulieren.

Nach einem langen Arbeitstag kommt Fred endlich nach Hause. Sein automatisches, nicht bewußt geplantes, ja womöglich unbewußtes Ziel ist: ein freundlicher Willkommensgruß von seiner Frau Karin, eine herzliche Umarmung und ein warmes Essen. Nehmen wir nun an, sie empfängt ihn mit den Worten: „Warum kommst du schon wieder so spät? Du hast gesagt, du kommst um sechs, dabei ist es schon fast sieben!"

Karin hat Freds Ziel blockiert. Halten wir einen Augenblick inne. Wie *fühle* ich mich, wenn mein Ziel blockiert wird? Wahrscheinlich bin ich verärgert oder zumindest enttäuscht. Fred ist ärgerlich auf seine Frau. Er fühlt in sich eine schnippische Bemerkung emporsteigen wie etwa: „Danke für den herzlichen Empfang! Wie schön, nach Hause zu kommen!"

Was soll er tun? Seine Möglichkeiten sind, (1) seinem Ärger Luft zu machen, (2) sein Zuspätkommen zu verteidigen, (3) Karins Bemerkung einfach zu ignorieren und sich zum Essen zu setzen oder(4) sie mit einer liebevollen Umarmung zu trösten. Bedenken wir den Hauptpunkt dieses Kapitels: Die seelische Einheit hängt von unseren *Motiven* ab, nicht so sehr von unseren *konkreten Handlungen*. Fred sollte nicht fragen: *„Was soll ich tun?"*, sondern: *„Was ist mein Ziel?"*

Schon daß Fred ärgerlich reagiert, beweist sein manipulatives Ziel. Er hatte von seiner Frau einen Empfang erwartet, der seine momentanen Bedürfnisse erfüllen sollte. Wenn Fred (1) dazu entschlossen ist, seiner Frau zu dienen; (2) sich des Bedürfnisses seiner Frau nach Liebe bewußt und (3) davon überzeugt ist, das von Gott erwählte Werkzeug zu sein, um seiner Frau die Liebe Gottes erfahrbar zu machen, dann wird es ihm gelingen, sein Ziel zu ändern. Das bedeutet, den Gedanken „Warum kann sie mich nicht freundlich empfangen, wenn ich nach Hause komme?“ zu ersetzen durch: „Mein Ziel ist es, meiner Frau zu zeigen, wie sehr ich sie liebe und schätze.“

Stellen wir uns die Gedanken wieder als Tonbandgerät vor. Das automatische Band zeigt das manipulative Ziel, den Ehepartner zu beeinflussen: „Warum kann sie mich nicht freundlich begrüßen?“ Um dieses Ziel zu verändern, muß das falsche Band gelöscht und ein neues eingelegt werden, das heißt, das neue Ziel muß durch einen prägnanten Merksatz definiert werden: „Ich will, daß sie sich geliebt fühlt.“

Ein neues Band einzulegen, ist mehr als ein mechanischer Vorgang. Wollen wir unser selbstsüchtiges Denken durch den Vorsatz, zu geben, ersetzen, müssen wir uns im Vertrauen auf Gott neuerlich dazu entschließen, dem anderen zu dienen. Obwohl unsere Gefühle nicht sofort von Ärger auf Zuneigung umschalten werden, können wir dem Partner bedingungslose Annahme signalisieren, wenn wir uns rückhaltlos entschlossen haben, ihm zu dienen.

Die zentrale Frage lautet: Sind wir in diesem Augenblick bereit, bewußt das Ziel des Dienstes zu verfolgen? Je bedingungsloser wir dazu entschlossen sind, desto sicherer werden wir in unserer Ehe ein größeres Maß an seelischer Einheit erreichen.

Zusammenfassung

Um in der Ehe zur seelischen Einheit zu gelangen, müssen beide Partner die volle Erfüllung der tiefsten eigenen Bedürfnisse Christus anvertrauen und die Ehe als einzigartige Gelegenheit betrachten, gemeinsam ein Leben in Christus zu führen.

Der erfüllende Zustand der seelischen Einheit stellt sich ein, sobald beide Partner die Möglichkeiten erkennen, die sich in der Ehe auftun. Um zur seelischen Einheit zu finden, müssen wir dem Partner helfen, seinen vollen Wert als Ebenbild Gottes und Heiliger Christi zu erkennen, und ihm fühlbar machen, wie sicher und wertvoll er in Christus ist.

Subjektiv wird die seelische Einheit als eine solch intime Beziehung erlebt, daß nur noch die geschlechtliche Vereinigung ihr vollen Ausdruck geben kann. Diese Einheit setzt die vorbehaltlose

Entschiedenheit beider Partner voraus, den Bedürfnissen des anderen zu dienen, wobei sie eine liebevolle Reaktion erhoffen, nicht aber fordern dürfen.

Jede Beziehung, die sich auf manipulative Bemühungen stützt, unser eigenes Gefühl des Geliebtseins zu fördern oder uns gegen weitere Verletzungen zu schützen, wird das Ziel der Einheit nicht erreichen, die Gott beabsichtigt hat. Der Übergang vom Prinzip der Manipulation zum Prinzip des Dienstes ist der einzige Weg zur seelischen Einheit.

1 J. Oliver Buswell: *A Systematic Theology of the Christian Religion* (Grand Rapids: Zondervan 1972), Teil II, Seite 239–240.

2 Nach 2. Mose 34,6–7 werden die Sünden der Eltern an den Kindern heimgesucht. Dies kann geschehen, indem Eltern durch ihr Vorbild den Kindern falsche Vorstellungen darüber mitgeben, wie man Sicherheit und Bedeutung finden kann.

3 Jede Eheberatung, die nicht darauf ausgerichtet ist, die Ziele von Mann und Frau von der Manipulation hin zum Dienst zu verändern, und die sich in dieser Aufgabe nicht auf geistliche Grundlagen beruft, ist im Grunde nicht mehr als eine Anleitung, wie man den anderen besser manipulieren kann.

4 In unserer Kultur schwören manche darauf, sich selbst immer von der schlechtesten Seite darzustellen. Natürlich müssen wir beide Extreme vermeiden: angstvolles Verbergen oder rücksichtsloses Zurschaustellen der eigenen Schwächen.

Kapitel 4:

Seelische Einheit B: Miteinander reden oder: Wohin mit meinen Gefühlen?

In den meisten Untersuchungen über Eheprobleme steht das Thema „Kommunikation“ ganz oben auf der Liste der Konfliktpunkte. Man hört oft Klagen wie:

– „Wir können über nichts Wichtiges reden, ohne in einen Streit zu geraten.“

– „Jedesmal, wenn ich ihr sagen möchte, was ich wirklich denke, reagiert sie gleichgültig oder mit Kritik.“

– „Er weicht jedem Gespräch über unsere Beziehung aus. Wir können über Urlaubspläne reden, in welche Schule wir die Kinder schicken sollen und welches Auto wir als nächstes kaufen, aber unsere Beziehung ist tabu.“

– „Sie ist so gefühlsbetont. Entweder sie weint oder sie keift oder sie jammert über irgend etwas. Ich gehe ihr möglichst aus dem Weg, das ist einfacher.“

– „Wir bemühen uns beide, über unsere Probleme zu reden, aber wir kommen uns einfach nicht näher. Jeder verteidigt sich oder wird ungeduldig, und am Ende sind wir weiter voneinander entfernt als vorher. Irgend etwas stimmt nicht.“

Viele Bemühungen, sich dem anderen mitzuteilen, erzeugen nur neue Spannungen, anstatt alte zu lösen. In diesem Kapitel wollen wir versuchen, einige Grundlagen für gute Kommunikation zu erarbeiten, die uns der seelischen Einheit näher bringen werden.

Wir haben gesagt, daß die Voraussetzung für eine biblische Ehebeziehung der rückhaltlose Vorsatz ist, dem anderen zu dienen. Jeder Partner muß bereit sein, die Bedürfnisse des anderen voranzustellen, wie immer er auch selbst behandelt werden mag. Obwohl das keiner von uns hundertprozentig fertigbringen wird, sollte es unser Ziel sein, daß sich unser Partner körperlich, seelisch und geistlich wohlfühlt. Das ist leichter gesagt als getan, da wir ständig dazu neigen, manipulative Ziele zu verfolgen und sie vor uns selbst als berechtigt und gut zu entschuldigen.

Wir müssen uns deshalb entschlossen und unausgesetzt dem Geist Gottes öffnen, der uns zeigen wird, wo wir falschen Denkweisen nachjagen.

Der Vorsatz zu dienen ist unabdingbar. Es steht uns nicht frei, ihn nur als Möglichkeit für unsere Ehe in Erwägung zu ziehen. Gott fordert uns ausdrücklich auf, uns einander unterzuordnen (Epheser 5,21): Die Männer sollen sich den Bedürfnissen der Frauen unterordnen, indem sie sie lieben, und die Frauen sollen sich den Bedürfnissen der Männer unterordnen, indem sie sie achten. Viel zu viele Christen aber lesen diese Anweisungen, gestehen sich ihr Versagen ein und leben weiter wie bisher.

Kommunikationsprobleme können meistens auf den mangelnden Vorsatz zurückgeführt werden, dem anderen zu dienen, oder kurz gesagt: auf falsche Ziele. Diese Diagnose ist einfach, aber nicht vereinfachend. Leider zerpflückt die Psychologie komplexe Strukturen einer einfachen Wahrheit so lange, bis die Wahrheit nicht mehr einfach ist. In Arbeitsgruppen über Kommunikation werden beispielsweise vielschichtige Strategien zur Formulierung von Aussagen und Reaktionen gelehrt, die nicht als Angriff oder Verteidigung gewertet werden. Aber nur selten wird auf das Schlüsselproblem der selbstsüchtigen Motive hingewiesen. Es ist wichtig, richtiges Mitteilen und Zuhören zu lernen. Die Zeit, die für das Lernen dieser Fähigkeiten eingesetzt wird, könnte aber oft besser verwendet werden, indem man sich von seinem selbstsüchtigen Wesen abzuwenden und den Willen Gottes zu tun sucht. Selbst durch diejenigen Seminare, in denen auf die Bedeutung der Manipulation hingewiesen wird, kann keine Veränderung hin zum Dienst am anderen stattfinden, solange man die Kraft des Evangeliums Christi nicht in Anspruch nimmt.

Ein biblisches Verständnis der Kommunikationsproblematik ist weder simpel noch unzutreffend. Jakobus beweist in seinem Brief den unübertrefflichen Scharfblick des göttlich inspirierten Autors:

> „Woher kommt Streit und Krieg unter euch? Kommt's nicht daher: aus euren Lüsten, die da streiten in euren Gliedern? Ihr seid begierig und erlangt's damit nicht; ihr mordet und neidet und gewinnt damit nichts; ihr streitet und kämpfet. Ihr habt nicht, darum daß ihr nicht bittet; ihr bittet und empfanget nicht, darum daß ihr übel bittet, nämlich darum, daß ihr's in euren Lüsten verzehren wollt" (Jakobus 4,1–3).

Gemäß der Bibel sind Kommunikationsprobleme unumgänglich, sobald Menschen selbstsüchtig leben. Die meisten von uns gehen mit dem irrigen, aber wohlklingenden Glauben in die Ehe, wir *bräuchten* (nicht ersehnen oder wünschen, sondern brauchen) bestimmte Verhaltensweisen des Ehepartners, um Sicherheit und Bedeutung zu gewinnen. Solange wir nicht restlos davon überzeugt sind, daß Christus unsere Bedürfnisse voll und ganz erfüllt hat, ändert sich diese Gesinnung niemals und unsere Ziele ebensowenig.

Dieses Denkmodell ist einfach genug, um es auf die Ehebeziehung anzuwenden. Dennoch ist es leichter gesagt als getan. Keine Vorstellung ist hartnäckiger als die, mein Partner habe sich so oder so zu verhalten. Oft finden wir biblische Rechtfertigungen, die unsere Forderung nach einem bestimmten Verhalten des Partners untermauern. Wir mögen dabei durchaus im Recht sein, und Gott verlangt von unserem Ehepartner tatsächlich eine geänderte Lebensweise. Aber es ist schwer, sich einzugestehen, daß es niemals meine Aufgabe sein kann, irgend etwas von meinem Partner zu *fordern*. Meine Entschlossenheit zu dienen darf nicht von den Einstellungen und Verhaltensweisen des anderen abhängig werden. Nichts Geringeres als ein Glaube, der Berge versetzt, ist nötig, um meine Bedürfnisse in Christus voll und ganz erfüllt zu sehen und mich meinem Partner hingeben zu können, egal wie brennend der Schmerz, abgelehnt zu werden, sein mag.

Die Bibel betrachtet den Glauben als etwas Wachsendes. Es erfordert einen reifen und starken Glauben, am Ziel des Dienstes festzuhalten, obwohl der Partner einen schwer enttäuscht hat. Viele Christen haben die geistliche Reife, ihre Ziele ausnahmslos von der Liebe bestimmen zu lassen, noch nicht erreicht. Ich ärgere mich noch immer über meine Frau, sooft sie meine versteckte Aufforderung nicht versteht, mir für eine bestimmte Sache Lob und Anerkennung zu zollen. In meinem Ärger, meinem Schmerz oder meiner Enttäuschung fällt es mir schwer, das Ziel des Dienstes aufrechtzuerhalten. Aber daß ich verärgert bin, beweist bereits mein manipulatives Ziel: Ich wollte von meiner Frau beachtet werden. Die meisten von uns haben noch einen weiten Weg der Heiligung vor sich, ehe sie das Ziel des Dienstes unbeirrbar im Auge zu behalten vermögen.

Was sollen wir bis dahin tun? Hier stehen wir als unvollkommene, enttäuschte, verängstigte und verletzte Christen und sind unfähig, unsere falschen Zielsetzungen schnell beziehungsweise gründlich genug zu ändern, um negative Gefühle abzubauen. Sollen wir dem Partner alles sagen, was wir empfinden? Würde das die seelische Einheit fördern oder weitere Kränkungen verursachen? Wenn wir unsere Gefühle nicht mitteilen, könnten dann nicht die aufgestauten Emotionen die Distanz zwischen uns weiter vergrößern und uns noch mehr von der ersehnten Intimität entfernen?

Die negativen Gefühle – die in jeder Ehe vorkommen – sind ein wesentliches Hindernis für wirkliche Kommunikation. In meinen Eheseminaren wird mir am häufigsten die Frage gestellt: Wohin mit meinen Gefühlen? Soll ich meinem Partner alles sagen, was ich fühle? Ist rückhaltlose Offenheit von der Bibel her erstrebenswert?

Um eine Gesprächsbasis zu finden, die der seelischen Einheit förderlich ist, sind zwei Elemente notwendig:

1. Die Entschlossenheit, das Ziel des Dienstes zu verfolgen.
2. Eine Strategie für den Umgang mit negativen Gefühlen, die weder dem Ziel des Dienstes entgegensteht noch die Entfernung zwischen den Partnern vergrößert.

Das erste dieser Elemente haben wir in Kapitel 3 behandelt, und dem zweiten ist der Rest dieses Kapitels gewidmet.

Wohin mit meinen Gefühlen?

Bei meiner Betonung des „Dienstes am anderen" kann der Eindruck entstehen, jedes Mitteilen negativer Gefühle sei eine Verletzung dieses Prinzips und daher abzulehnen. Viele Christen scheinen zu glauben, die Äußerung unguter Gefühle sei unter allen Umständen Sünde. Aufforderungen wie „Wir dürfen niemals böse werden" oder „Wenn du nichts Gutes zu sagen hast, sage lieber nichts" stehen für eine Haltung, die den Christen in eine Art „emotionale Zwangsjacke" zu stecken versucht: Ich heuchle ein positives Gefühl, während mir in Wirklichkeit ganz anders zumute ist. Verfestigt wird diese Maske noch durch den Glauben, christliche Beziehungen müßten immer mit freundlichem Lächeln und herzlichen Gefühlen einhergehen. Dahinter aber verbirgt sich in Wirklichkeit oft ein Wirrwarr unterdrückter Schmerzen und Zorngefühle.

Säkulare Psychologen, die sich herzlich wenig um das biblische Gebot kümmern, das Schlechte abzulegen und liebevoll miteinander umzugehen, haben dem entgegengesetzt, daß Emotionen in sich weder gut noch schlecht seien, sondern einfach Tatsachen. Ob es angemessen sei, sie auszudrücken, entscheide sich nicht an moralischen, sondern an pragmatischen Gesichtspunkten: „Was habe ich davon, wenn ich meine Gefühle äußere?“ oder: „Ich habe das Recht, mich selbst zu behaupten, indem ich meinen Gefühlen Raum gebe, wann immer ich dies möchte.“ [1]

Wir haben grundsätzlich zwei entgegengesetzte Möglichkeiten: (1) Wir können unsere Gefühle *aufstauen*, weil wir aus geistlichen Gründen vor ihnen zurückschrecken; oder (2) wir können sie an anderen *auslassen*, um uns Luft zu machen und weil „wir das Recht haben, uns auszuleben“. Wie ich die Bibel verstehe, ist jedoch keine dieser beiden Möglichkeiten mit Gottes Plan vereinbar, die Einheit durch Kommunikation zu fördern.

An dieser Stelle erinnere ich an den „Grat der Wahrheit“, wie er in Kapitel 2 dargestellt ist. Der biblische Standpunkt über ein bestimmtes Thema läßt sich oft als schmaler Grat darstellen, von dem man leicht abgleiten kann. Die folgende Abbildung stellt zwei falsche Formen des Umgangs mit Gefühlen dar:

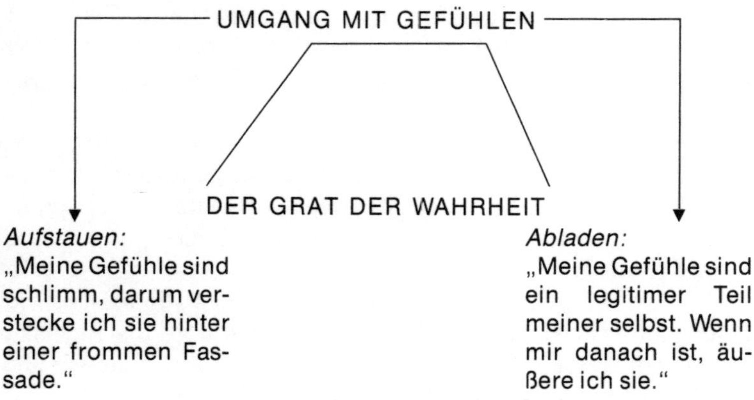

Wenn wir also unsere Gefühle weder aufstauen noch einfach abladen dürfen, wie sollen wir dann mit ihnen umgehen?

– Was soll ich tun mit meinem Ärger auf meinen Mann, der vor seinen Freunden eine peinliche Bemerkung über mich fallen läßt?

– Wohin mit meinem Zorn, wenn meine Frau einen Vorschlag von mir herablassend behandelt?

– Was soll ich mit meiner Angst und aufgestauten Wut tun, wenn mein Mann die Kinder wegen seiner eigenen Frustgefühle schlägt?

– Was soll ich mit meiner Eifersucht und meinem Schmerz anfangen, wenn meine Frau mir gesteht, einen anderen Mann zu lieben?

Die beiden betrachteten Möglichkeiten weisen uns folgende Wege:

Aufstauen:	Gott liebt mich, darum ist es nicht notwendig, den Ehepartner zu verändern. Ich habe die Aufgabe, mich mit einem herzlichen Lächeln auf den Lippen zu fragen: „Was kann ich tun, damit sich der andere geliebt und geschätzt fühlt?"
Abladen:	Weil Gott mich liebt, bin ich als Mensch wertvoll und habe das Recht, meinen Gefühlen Ausdruck zu verleihen. Darum sage ich dem Partner rückhaltlos alles, was ich fühle, um meinen Selbstwert in Christus zu behaupten.

Die erste Reaktionsweise wird bestenfalls eine fromme, ängstlich gehütete Heuchelei hervorbringen. Die meisten Christen beißen die Zähne zusammen und finden rasch ein paar nette Worte, um ihre verletzten Gefühle zu unterdrücken. Groll und Bitterkeit werden aufgestaut, bis sie zu einem Wutanfall oder einem Magengeschwür führen.

Die zweite Reaktionsweise hingegen vermag sowohl psychosomatische Magenleiden als auch Wutausbrüche zu verhindern. Negative Gefühle mitzuteilen, um die eigenen Rechte zu behaupten, wird freilich weder den Partner aufbauen noch eine gottgewollte Demut fördern.

Um eine biblische Sicht zu gewinnen, müssen wir wissen, wie Gott zu unseren Gefühlen steht. Eine aufschlußreiche Stelle dazu habe ich in Hesekiel 24 gefunden. Gott hatte Hesekiel mitgeteilt, in Kürze werde seine Frau sterben, die Hesekiel sehr liebte.

> „Und des HERRN Wort geschah zu mir: ‚Du Menschenkind, siehe, ich will dir deiner Augen Freude nehmen durch einen plötzlichen Tod. Aber du sollst nicht klagen und nicht weinen und keine Träne vergießen. Heimlich darfst du seufzen, aber keine Totenklage halten'" (Vers 15–17).

Der Tod der geliebten Frau ist natürlich Grund für tiefe Trauer und echten Schmerz. Beachten wir aber, wie Hesekiel nach Gottes Willen mit seinen Gefühlen umgehen sollte. In Vers 17 befiehlt Gott seinem Knecht: „Heimlich darfst du seufzen."

Daraus glaube ich zwei Wahrheiten ableiten zu können: *Erstens* gestand Gott Hesekiel das Recht zu, Gefühle zu empfinden. Er befahl Hesekiel nicht, seine wahren Gefühle zu ändern oder zu verleugnen. Unsere Gefühle können wir nämlich gar nicht ändern. Um auf ein Gefühl zu reagieren, haben wir je zwei entgegengesetzte Wahlmöglichkeiten: (1) sie anzuerkennen oder zu leugnen; und (2) sie auszudrücken oder zurückzuhalten. Gottes Anweisungen an Hesekiel gehen dahin, seine Gefühle einzugestehen, innerlich die volle Last des Schmerzes angesichts der traurigen Situation auf sich zu nehmen.

Wohlgemerkt: Die Gefühle Hesekiels waren nicht sündig. Es gibt Gefühle, die aus einer falschen Einschätzung eines Problems entstehen und daher Sünde sind. In einer früheren Veröffentlichung legte ich meine Ansicht dar, alle negativen Gefühle, welche Anteilnahme unmöglich machen, seien als sündig zu betrachten, während negative Gefühle, die sich mit echter Anteilnahme vereinbaren lassen, an und für sich keine Sünde darstellen.[2]

Sowohl sündige Gefühle (z. B. Eifersucht, Habgier, Lust) als auch nicht sündige Gefühle (z. B. Trauer, Schmerz, Bedauern) müssen wir uns vor dem Herrn rückhaltlos eingestehen. In unserer Haltung zu ihnen sollten wir jedoch klar zwischen diesen beiden Gruppen unterscheiden. Ein schmerzhaftes, aber nicht sündiges Gefühl soll ich dem Herrn in demütiger Erwartung des Trostes und der Erfüllung durch ihn voll und ganz bekennen. Sündige Gefühle hingegen muß ich bereuen und ablegen, im Vertrauen auf seine Vergebung und im Wissen um seine Verheißung, das an mir begonnene Werk zu vollenden. Alle häßlichen, ungeistlichen Gefühle muß ich als Sünde vor Gott bekennen, freilich nicht in oberflächlichen Gebeten wie: „Herr, vergib mir, daß ich zornig bin!" Besser ist es zu beten: „Gott, ich bin so wütend! Mein Innerstes bebt vor Zorn! Dabei weiß ich, wie falsch das ist! Ich will dir gehorchen und ein Kind deiner Liebe sein, aber im Augenblick stecke ich voller Groll und Haß. Bitte vergib mir! Ich möchte mich deinem Wirken öffnen." Auf keinen Fall dürfen wir ein Gefühl unterdrücken, weder indem wir seine Existenz verleugnen noch indem wir es zu betäuben versuchen.

Zweitens befahl Gott Hesekiel, seinen Schmerz nicht öffentlich zu zeigen. Denken wir an die beiden Wahlmöglichkeiten, die wir im Umgang mit Gefühlen haben: sie einzugestehen oder sie zu leugnen, sie auszudrücken oder sie zurückzuhalten. Hesekiel sollte sich seine Gefühle eingestehen („seufzen"), sollte ihnen jedoch keinen Ausdruck verleihen („heimlich").

Jeder Psychologe, der betont, daß schmerzhafte Gefühle verarbeitet werden müssen, würde mich wahrscheinlich für diesen Rat anzeigen. Nach einer weitverbreiteten Ansicht müssen Gefühle, vor allem tiefgehende wie Schuld und Trauer, artikuliert werden, damit sie nicht zu einer psychischen Störung führen. Auf der anderen Seite hätten all jene, die für die Verleugnung negativer Gefühle sind, ebenfalls ihre Mühe mit dem Rat Gottes. Für sie ist es verkehrt und Zeitverschwendung, sich mit den eigenen Gefühlen zu befassen. Gottes Anweisung aber ist klar: eingestehen, die eigenen Emotionen ausloten, sie jedoch nicht öffentlich kundtun.

Wie aus Hesekiel 24 hervorgeht, hatte Gott einen besonderen Grund, daß er seinem Propheten diese Anweisung erteilte. Die Mißachtung aller Trauerbräuche durch Hesekiel sollte ein abgefallenes Volk mit nicht zu überbietender Deutlichkeit auf das kommende Gericht hinweisen, das den Tod einer Frau vergleichsweise unbedeutend erscheinen ließ.

Nachdem Gott Hesekiel angewiesen hatte, sich die eigenen Gefühle einzugestehen, befahl er ihm, diese Emotionen einem größeren Ziel unterzuordnen. Mir scheint, trotz der besonderen prophetischen Umstände dieses Befehls an Hesekiel können wir aus dieser Stelle einiges lernen: Wenn ein Gefühl in uns aufsteigt, sollen wir

1. diese Empfindung vor uns selbst und vor Gott zugeben und zu der ganzen Schwere unserer Emotion stehen;
2. die öffentliche Bezeugung dieses Gefühls uns aber nur unter der Bedingung erlauben, daß dies dem Willen Gottes entspricht.

Sich Gefühle *einzugestehen*, ist immer erlaubt, sie jedoch *auszudrücken*, ist nur gerechtfertigt, falls wir dadurch nicht mit Gottes Willen in Konflikt kommen. Ich darf meinen Gefühlen niemals einfach so Luft machen (abladen). Ich darf mir aber meine Emotionen vor mir selbst und vor Gott rückhaltlos eingestehen, denn Gott hat mich in seiner Gnade angenommen, wie immer meine Gefühle beschaffen sind. Ich brauche niemals meine Gefühle zu unterdrücken. Aber ich muß entscheiden, ob es im Sinne Gottes sein kann, diese Gefühle vor irgendeinem Menschen auszudrükken. Und gemäß meiner Erkenntnis muß ich handeln.

Nun können wir eine biblische Strategie zum Umgang mit Gefühlen entwerfen, die auf dem Grat der Wahrheit liegt:

Nachdem wir uns unseren Zorn oder Schmerz eingestanden haben, müssen wir *sofort* beschließen, die Kontrolle darüber zu erlangen, welche Gefühle wir ausdrücken sollen und welche nicht. Diese Kontrolle schließt spontane Gefühlsbezeugungen nicht von

vornherein aus. Aber wir sollten auch unsere spontanen Reaktionen beherrschen!

Wenn wir das Prinzip „erst eingestehen, dann selektiv ausdrükken" anerkannt haben, ist es unsere Aufgabe, herauszufinden, *wann* es mit Gottes Absicht und dem Dienst am Partner in Einklang steht, unseren Gefühlen Ausdruck zu verleihen. Um diese schwierige Frage beantworten zu können, müssen wir zuerst ein weiteres Prinzip verstehen lernen: die Unterscheidung zwischen Ziel und Wunsch.

Ziele oder Wünsche?

Schon mehrmals habe ich auf das wesentliche *Ziel* der Kommunikation, den Dienst, verwiesen. Es wäre aber unrealistisch anzunehmen, Mann und Frau könnten eine gute Kommunikation erreichen, indem sie ganz einfach richtige Ziele wählen. Wie entschlossen ich auch sein mag, dem Partner zu dienen, mein *Wunsch*, daß er mir dient, wird nicht nachlassen.

Wenn ich enttäuscht und entmutigt bin, bedeuten mir die Hilfe und der Zuspruch meiner Frau mehr, als ich je zu sagen vermöchte. Ein befreundeter Pastor erzählte mir kürzlich, wie viel es ihm bedeutete, am Abend nach Hause zu kommen und von seiner Frau liebevoll begrüßt zu werden; ihn verlangte so sehr nach ihrer Wärme, daß er sich kaum vorstellen konnte, ohne sie zu leben. Viele Frauen haben mir erzählt, wie sehr sie sich aus tiefstem Herzen nach einer einfühlsamen, erfahrbaren Liebesbezeugung von ihren Männern sehnten. Wie stark auch unsere Entschlossenheit sein mag, dem Partner zu dienen, und wie sehr wir uns auf Christus verlassen mögen, um alle unsere Bedürfnisse zu erfüllen, so sehnen wir uns doch nach bestimmten Verhaltensweisen des Partners. Wie sollen wir mit diesen Sehnsüchten umgehen? Sollen wir sie unter neuen Beschlüssen zu dienen begraben? Müssen wir vorgeben, weil Christus uns genügt, mache es für uns keinen Unterschied, wie der Partner uns behandelt?

Nach Gottes Plan sollen Mann und Frau eine innige und für beide erfüllende Ehebeziehung eingehen: Wir sollen die Einstellungen und Handlungen unseres Ehepartners in vollem Ausmaß fühlen. Es macht sehr wohl einen Unterschied, ob mein Partner mich rückhaltlos liebt und bedingungslos annimmt oder nicht. Werde ich abgelehnt, fühle ich mich gekränkt. Bin ich angenommen, freue ich mich, weil ich ein starkes Verlangen nach der Liebe des Partners empfinde. Dieses Verlangen ist natürlich und gut, zeigt es doch, daß ich mehr bin als ein Tier, nämlich ein personhaftes Wesen nach dem Ebenbild Gottes, ein wirklicher Mensch, der einen tiefen Einfluß auf andere Menschen ausüben kann. Ohne dieses Verlangen nach Liebe wäre ich nicht fähig, echte Freude über die Zuneigung eines anderen Menschen zu empfinden. Aber – und das ist der springende Punkt – *dieses Verlangen darf nie zu meinem Ziel werden.*

Wir können unser *Bedürfnis* nach Sicherheit und Bedeutung durch einen Kreis darstellen. Ein größerer, konzentrischer Kreis steht für unseren legitimen *Wunsch*, Sicherheit und Bedeutung in unseren Beziehungen auch zu fühlen:

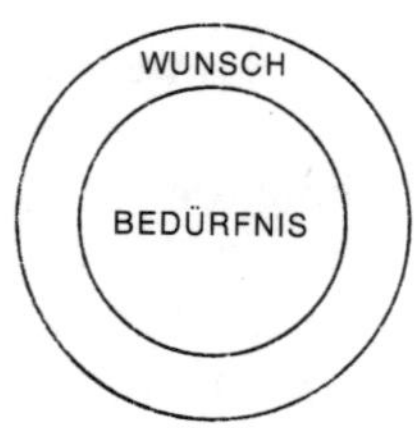

Die Grundthese dieses Buches lautet: Christus ist fähig, unseren Bedürfnissen vollauf zu genügen. Anders gesagt: Er kann den inneren Kreis unserer Zeichnung ausfüllen. Er hat uns jedoch nie verheißen, den äußeren Kreis, den Wunsch, auszufüllen. Alle unsere Sehnsüchte nach Wärme, Zuneigung, Verständnis, Achtung und Treue vom Ehepartner befinden sich im äußeren Kreis. Sind diese Wünsche gestillt, *fühlen* wir uns sicher und bedeutsam. Wir verfügen jedoch über keine göttliche Verheißung, daß diese Wünsche auch immer erfüllt werden.

Bleiben unsere Wünsche ungestillt, empfinden wir echten und

legitimen Schmerz. Es fehlt uns etwas. Gott hat unseren Ehepartner als sein Werkzeug auserwählt, damit wir fühlbar und greifbar erfahren können, was es bedeutet, geliebt und wertvoll zu sein. Werden unsere *Bedürfnisse* erfüllt, *haben* wir Sicherheit und Bedeutung. Werden unsere *Wünsche* erfüllt, *fühlen* wir Sicherheit und Bedeutung. Weil aber unser Bedürfnis danach, geliebt und wertvoll zu sein, in Christus gedeckt ist, ob wir das fühlen oder nicht, können wir auch einem Partner dienen, der unsere Wünsche unberücksichtigt läßt.

Nun kann ich daran gehen, die Ausdrücke, die ich hier gebrauche, zu definieren. *Ein Ziel ist ein Leitgedanke, dessen Verwirklichung im Rahmen meiner Möglichkeiten liegt.* Wo immer die Erreichung eines Leitgedankens einzig von meinem Willen abhängt, etwas zu tun, kann ich ihn als mein Ziel bezeichnen. Nach dieser Definition ist der Dienst am Ehepartner ein Ziel, das eigentlich nur ein Christ wirklich erreichen kann. Der Christ ist geliebt und wertvoll in Christus, ob er dies fühlt oder nicht. Er kann aus dieser Erfüllung heraus handeln. Er kann geben, weil er etwas zu geben hat. Das Gefühl des Ungläubigen hingegen, geliebt und wertvoll zu sein, stammt nicht aus dieser Quelle und hat deshalb keine richtige Grundlage. Weil er innerlich leer ist, kann der Ungläubige das Ziel des Dienstes nicht in einer gottgefälligen Weise erfüllen.

Ein Wunsch ist ein Leitgedanke, den ich zwar rechtmäßig und brennend erfüllt sehen will, den ich jedoch nicht durch eigenes Bemühen verwirklichen kann. Die Erfüllung eines Wunsches erfordert die Beteiligung eines anderen Menschen. Das Verlangen, ein Ehemann möge in der Züchtigung der Kinder mehr Zurückhaltung üben, ist ein *legitimer Wunsch*, aber ein *falsches Ziel.* Zwar kann eine Frau ihren Ehemann dahingehend beeinflussen, daß er liebevoller mit den Kindern umgeht, sie hat aber nicht die Möglichkeit, seine Veränderung durchzusetzen. Sie kann es ihm leichter oder schwerer machen, sein Verhalten zu ändern, ihn jedoch nicht dazu zwingen. Wenn sie es sich zum Ziel setzt, ihn zu verändern, überschätzt sie ihre eigenen Kräfte. Sie kann ihr Ziel nur darin suchen, *wie sie auf ihn reagiert*, nicht, wie er sich verhält. Seine Art, mit den Kindern umzugehen, bleibt für sie immer in der Kategorie der Wünsche.

Ob wir einen Leitgedanken als Ziel oder als Wunsch auffassen, macht einen großen Unterschied. Ich kann mir für heute nachmittag Regen wünschen. Weil ich aber keine Macht über das Wetter habe, bleibt dieser Leitgedanke ein Wunsch. Darum werde ich mich auch nicht lange bemühen, Regen zu machen. Wir können und dürfen nie die Verantwortung dafür übernehmen, daß unsere Wünsche sich erfüllen. Wir können nur zu Gott beten, der allein bestimmen kann, ob unser Wunsch in Erfüllung geht. Sobald ich mein Verlangen nach Regen als Ziel auffasse, werde ich irgend etwas unternehmen, um meine Vorstellung zu verwirklichen; weil ich das Wetter aber nicht bestimmen kann, wird dies nur zu Enttäuschung und Ärger führen.

Ein legitimes Ziel kann ich also durch eigene Anstrengungen erreichen. Darum bin ich dafür verantwortlich, mich um meine Ziele zu bemühen. Vielleicht sträube ich mich, das zu tun, was ich zu ihrer Verwirklichung unternehmen muß. Ich habe aber immer die Möglichkeit, die notwendigen Schritte zu unternehmen. Beispiel: Mein Rasen ist ausgetrocknet. Mein *Wunsch* ist Regen, mein *Ziel* ist es jedoch, meinen Rasen mit Wasser zu versorgen. Ich kann nun einen Rasensprenger kaufen, um den Rasen zu wässern. Ich mag keine Lust haben, ins Geschäft zu fahren oder Geld auszugeben, solange ich jedoch genügend Geld und Zeit habe, kann ich alles Erforderliche ausführen, um mein Ziel zu erreichen.

Ein Wunsch erfordert also *Gebet*. Ein Ziel erfordert *verantwortliches Handeln*. Wer Wünsche und Ziele verwechselt, wird falsch reagieren. Viel zu viele Menschen beten für ihre Ziele („Herr, hilf mir, daß ich meine Frau besser lieben kann") und nehmen die Verantwortung für ihre Wünsche auf sich („Liebling, hör doch endlich auf zu nörgeln"). Das Prinzip ist unumstößlich: *Ich habe für meine Wünsche zu beten und für meine Ziele die Verantwortung zu übernehmen*.

Weil es sowohl wichtig als auch schwierig ist, zwischen einem Wunsch und einem Ziel zu unterscheiden, müssen wir diese Trennung noch klarer herausarbeiten.

Halten wir uns einen Leitgedanken vor Augen, etwas, was wir wollen. Handelt es sich um einen Wunsch, sollen wir dafür beten. Handelt es sich um ein Ziel, sollen wir zur Tat schreiten. Um zu entscheiden, ob ein Wunsch oder ein Ziel vorliegt, können wir uns zwei Fragen stellen:

1. Was will ich eigentlich erreichen? Was soll nach meinem Willen geschehen?
2. Kann ich durch eigenes Bemühen, ohne die Beteiligung irgendeines anderen Menschen, diesen Leitgedanken verwirklichen?

Können wir Frage 2 bejahen, handelt es sich um ein legitimes Ziel, nicht um einen Wunsch. Müssen wir verneinen, dürfen wir nicht von einem Ziel sprechen, für das wir die Verantwortung übernehmen sollen, sondern von einem Wunsch, für den wir zu beten haben.

Hier ein paar Beispiele. Jede der folgenden Aussagen enthält eine Antwort auf die erste Frage: Was will ich eigentlich? Stellen Sie nun bitte fest, ob es sich um ein Ziel oder einen Wunsch handelt, indem Sie die zweite Frage beantworten: Kann ich diesen Leitgedanken aus eigener Kraft verwirklichen?

1. Ich will, daß mein Mann mich besser versteht.
2. Ich wünschte, ich könnte meiner Frau klarmachen, wie sehr ich sie liebe. Sie fühlt sich so unsicher.
3. Ich würde zu meinem Mann zurückkehren, wenn er mich nur liebevoller behandelte.
4. Ich will mich sexuell stärker zu meinen Mann hingezogen fühlen. Ich habe einfach kein Verlangen mehr nach Sex.
5. Ich muß mehr Geld verdienen, um meine Familie besser versorgen zu können.
6. Ich will, daß Gott meine Frau und mich gebraucht, um in diesem Jahr zumindest einen Nachbarn mit dem Evangelium zu erreichen.

In allen diesen Fällen handelt es sich um Wünsche, nicht um Ziele. In keinem Fall kann ich selbst die Erreichung dieses Leitgedankens garantieren.

In den folgenden Aussagen wurden die Leitgedanken aus den vorigen Beispielen umgeändert, so daß sie ein legitimes Ziel darstellen:

1. Ich möchte meinem Mann einen Brief schreiben, in dem ich ihm meine Gefühle erkläre. Ich hoffe, er versteht mich (*Wunsch*), mir geht es jedoch vor allem darum, mich so gut wie möglich auszudrücken (*Ziel*).
2. Meine Frau fühlt sich so unsicher. Zwar kann ich ihr von mir aus nicht zu einem stärkeren Gefühl des Geliebtseins verhelfen (*Wunsch*), doch möchte ich fünf Dinge finden, die ich diese Woche tun kann, um ihr meine Liebe zu zeigen (*Ziel*).
3. Ich habe solche Angst, zu meinem Mann zurückzukehren. Wenn er sich nicht ändert, weiß ich nicht, ob ich es schaffe (*Wunsch*). Weil ich aber unter Gottes Gebot stehe, als seine Frau zu leben, werde ich mich ihm wieder zuwenden und mein Bestes geben (*Ziel*).
4. Wie gern würde ich ein stärkeres sexuelles Verlangen nach

meinem Mann empfinden (*Wunsch*). Da ich aber nicht direkt entscheiden kann, ob ich ein geschlechtliches Verlangen fühle oder nicht, möchte ich mich selbst prüfen, ob ich Groll gegen meinen Mann hege, dann möchte ich versuchen, ihm meine Liebe zu bekunden und ihm schrittweise mehr Zuneigung entgegenzubringen (*Ziel*).

5. Mit steigenden Preisen, einer kaputten Waschmaschine und einem Kind, das nächstes Jahr ein Studium beginnen will, könnten wir wirklich ein höheres Einkommen verkraften (*Wunsch*). Ich werde mich bei einigen Unternehmen vorstellen. Ich werde mich freiwillig für Überstunden melden, finanzielle Beratung suchen und täglich zehn Minuten für unsere finanzielle Situation beten (*Ziel*).
6. Ich sehne mich danach, in unserer Umgebung Menschen für Christus zu erreichen (*Wunsch*). Ich werde mich für einen Evangelisationskurs in meiner Gemeinde anmelden und mich bemühen, wenigstens einen Nachbarn kennenzulernen, mit dem ich noch nie gesprochen habe (*Ziel*).

Natürlich erhöht die Ausführung des *Ziels* in jedem dieser Fälle die Wahrscheinlichkeit, daß der *Wunsch* eintreten könnte. Der Familienvater in Punkt 5, der sich für Überstunden meldet (Ziel), wird wahrscheinlich mehr verdienen (Wunsch). Es ist nicht falsch, mit vollem Einsatz an unseren Zielen zu arbeiten, damit unsere Wünsche wahr werden. Doch dürfen wir uns nie darauf ausrichten, Wünsche zu erreichen. Die Bibel lehrt uns, zuerst das Reich Gottes zu suchen, Schätze im Himmel zu sammeln, in anderen Worten: Unser Ziel soll es sein, Gott zu verherrlichen, ihm zu dienen und mehr und mehr in das Bild Christi umgestaltet zu werden. Durch die Gnade Gottes können wir dieses Ziel erreichen, in welchen Umständen wir uns auch befinden mögen.

Paulus bezeugt, das Geheimnis der Genügsamkeit gelernt zu haben (Philipper 4,10–13). Ob seine Umstände angenehm oder schmerzhaft waren, er konnte sich begnügen. Sein Geheimnis tritt im 13. Vers zutage: „Ich vermag alles durch den, der mich mächtig macht." Paulus lebte auf das *Ziel* zu, dem Herrn zu gefallen, immer mehr seinem Meister gleich zu werden. Zweifellos hegte er den *Wunsch*, in den Gemeinden, die er liebte, predigen zu dürfen, Gemeinschaft mit seinen Geschwistern zu genießen und bestimmte körperliche Annehmlichkeiten zu erfahren. Doch ob seine Wünsche erfüllt wurden oder nicht, sein Lebensziel konnte er immer erreichen, nämlich für Gott zu leben. Darum war er zufrieden.

Wann soll ich dem Partner meine Gefühle mitteilen?

Nachdem uns der Unterschied zwischen einem Ziel und einem Wunsch klar ist, können wir die Hauptfrage dieses Kapitels beantworten: Wann soll ich meinem Partner meine Gefühle mitteilen?

Denken wir an das Prinzip, das wir aus Gottes Befehl an Hesekiel ableiteten. Wir sollen unsere Emotionen vor uns selbst und vor Gott eingestehen, sie jedoch nur unter der Bedingung ausdrücken, daß dies im Sinne Gottes ist. Gottes Plan für Eheleute besteht im Dienst am Partner. Damit wird dieser Dienst zu unserem *Ziel*. Weil ich jedoch meinen Wert und mein Geliebtsein reicher erfahre, wenn mein Partner mir dient, sehne ich mich nach seiner Liebe und Achtung. Natürlich kann niemand bestimmen, wie der Partner ihn behandelt. Der Leitgedanke, vom Partner geliebt und geachtet zu werden, ist somit ein *Wunsch*. Dafür kann ich nur beten.

Wenn ich meine Ziele und Wünsche durcheinanderbringe, wie es bei vielen, vielleicht den meisten, Eheleuten der Fall ist, mache ich es zu meinem *Ziel*, von meiner Frau herzlich begrüßt zu werden, sooft ich nach einem anstrengenden Arbeitstag nach Hause komme. Tritt mir jedoch eine schlechtgelaunte Frau mit der Frage entgegen, warum ich schon wieder so spät komme, ist mein Ziel blockiert. Ärger steigt in mir hoch. Soll ich meiner Frau diesen Ärger mitteilen? Würde ich auf ihren feindseligen Empfang eine zornige Bemerkung fallenlassen („Was denn, nach so einem Tag wäre ein freundlicher Ton nicht schlecht"), bestünde mein *Ziel* in diesem Augenblick darin, sie zu verletzen oder sie wegen ihrer Nörgelei zurechtzuweisen oder ihr Schuldgefühle aufzuladen, damit sie sich verändert. Diese Beweggründe sind allerdings nicht mit dem Ziel des Dienstes in Einklang zu bringen. Sie sind manipulativ und daher sündig.

Wohin also mit meinem Ärger? Folgende Schritte sind notwendig:

Schritt 1: *Sei langsam zum Zorn*. An mehreren Stellen mahnt uns die Schrift, achtzuhaben auf unseren Zorn. Es ist leicht, meinem Ärger rasch Luft zu machen und dabei zu sündigen, weil ich das falsche Ziel verfolge.

Schritt 2: *Den Ärger eingestehen*. Zwar muß ich mich davor hüten, meinem Ärger spontan und unkontrolliert Luft zu machen, darf jedoch nicht so tun, als wäre dieses Gefühl nicht vorhanden.

Schritt 3: *Ziele klären*. Nun gilt es zu erkennen, daß Ärger gewöhnlich durch blockierte Ziele entsteht. Ich muß mich fragen, welchen Leitgedanken ich verfolgt habe. Da es offenbar in der Macht meines Partners stand, diesen Leitgedanken zu blockieren, hat es sich wohl nicht um ein Ziel gehandelt. Ich muß meinen Leitgedanken daher als Wunsch behandeln („Ich hoffe, meine Frau begrüßt mich herzlich") und mich neu dem Ziel des Dienstes verschreiben.

Schritt 4: *Die Verantwortung für das richtige Ziel übernehmen.* Um meinem Vorsatz Fleisch und Blut zu verleihen, muß ich mir darüber klar werden, was ich tun kann, um meiner Frau zu dienen. Das Ziel des Dienstes muß mir in jedem Fall wichtiger sein als die Mitteilung des Schmerzes, den mein vereitelter Wunsch verursacht hat. Eine Möglichkeit wäre, Verständnis für ihre Äußerung zu bekunden („Tut mir leid, Liebling, ich habe wohl deine Essenspläne durcheinander gebracht") oder Anerkennung für ihre harte Arbeit zu zeigen („Ich staune immer wieder, wie du die ganze Arbeit mit dem Essen, der Wäsche usw. schaffst").

Schritt 5: *Negative Gefühle zugeben, wo immer dies sich zum Guten auswirken kann.* Nun (ob zwei Minuten oder zwei Stunden später) kann ich meiner Frau gegenüber meinen Ärger zugeben, weil ich unfreundlich empfangen wurde. Bin ich mir einer bitteren Gesinnung bei mir selbst bewußt, muß ich mich bemühen, jede Barriere zwischen uns niederzureißen, die meine Verärgerung errichtet hat. Ich kann meinen Ärger auch mit dem Ziel mitteilen, ihr zu einem besseren Verständnis zu verhelfen, welchen Einfluß ihr Verhalten auf mich hat. Will sie mir dienen (wie es mein Wunsch ist), so kann ich ihr helfen, ihr Ziel des Dienstes besser zu erreichen, indem ich ihr klarmache, wie ein bestimmtes Verhalten ihrerseits auf mich wirkt. (Eine ganz wichtige Möglichkeit des Dienstes liegt darin, den anderen zu akzeptieren (nicht unbedingt ihm zuzustimmen), wenn er mir negative Gefühle mitteilt. Diesem Kapitel ist eine Kommunikationsübung beigefügt. Dort gehe ich näher darauf ein, welche Reaktionen ich für richtig halte.)

Nachdem ich die Schritte 1 bis 4 ausgeführt habe, kann es mit dem Ziel des Dienstes vereinbar sein, meine Gefühle mitzuteilen, sofern es dabei mein Anliegen bleibt, jede Wurzel der Bitterkeit aus mir zu entfernen und meiner Frau zu helfen, mich besser zu verstehen (wodurch ich ja auch verwundbarer werde). Vielleicht ärgert sie sich immer noch über mein Zuspätkommen (sie mag mir den ganzen Abend lang die kalte Schulter zeigen oder beständig nörgeln). Ihr Verhalten kann ich nicht beeinflussen. Gibt sie ihren Zorn gegen mich nicht auf, so ist das Sünde, was mich sehr wohl verletzen und verärgern kann. Trotzdem bleibt meine Verantwortung bestehen, mich neuerlich dem Ziel des Dienstes zu verschreiben. Niemals darf ich meine Gefühle deshalb mitteilen, um Vergeltung zu üben oder meine Frau zu verändern.

Zusammenfassung

Weil unsere Bedürfnisse in Christus erfüllt sind, muß ich meine Ehe nicht mehr dazu benutzen, meine Leere zu füllen, sondern kann sie als einzigartige Gelegenheit auffassen, einem anderen Menschen zu einer besseren Erfahrung der Liebe Gottes und des Lebenssinns durch ihn zu verhelfen. Mein Ziel als Ehepartner muß darin bestehen, dem anderen zu dienen. Weil es aber mein Wunsch ist, daß mein Partner auch mir dient, wird mir jede Fehlreaktion seinerseits unweigerlich wehtun.

Kommunikationsprobleme sind gewöhnlich auf die Verwechslung von Zielen und Wünschen zurückzuführen. Was ich mir vom Partner wünsche, mache ich zu meinem Ziel. Ich bestehe auf einem bestimmten Verhalten meiner Frau und werfe ihr meine negativen Gefühle an den Kopf, sooft sie meinen Vorstellungen nicht entspricht. Ich übe dann entweder Vergeltung aus oder versuche sie zu verändern.

Um zu einem Gesprächsklima zu gelangen, das die seelische Einheit fördert, muß ich mich immer neu dem Ziel des *Dienstes am Partner* verschreiben und sorgfältig darauf achten, daß mein Wunsch *nach seinem Dienst* an mir nicht zu meinem Ziel wird. Negative Gefühle darf ich dem Partner nur mitteilen, nachdem ich mich dem richtigen Ziel verschrieben habe und mir darüber im klaren bin, welche blockierten Wünsche diese Gefühle verursacht haben. Es ist niemals richtig, dem Partner negative Gefühle an den Kopf zu werfen, die von blockierten Zielen stammen. Ein Ziel, das meine Frau blockieren kann, ist ein falsches Ziel. Ich muß es mir zum Ziel setzen, Gott zu gefallen, indem ich meiner Frau diene. Sobald dieses Ziel in mir tief verwurzelt ist, wird mein praktisches Handeln von ihm bestimmt, was sich durch Zuneigung und ein liebevolles Verhalten äußert.

Der Rest dieses Kapitels ist eine Übung, um die richtige Reaktion auf die negativen Gefühle des Partners zu erlernen. Sooft er mir negative Gefühle mitteilt, ist dies eine Gelegenheit, zu größerer seelischer Einheit zu gelangen.

Kommunikationsübung: Richtiges Reagieren auf Gefühle, die der Partner mitteilt

Eine der schwierigen, aber wichtigen Fähigkeiten, die wir auf dem Weg zur seelischen Einheit erlernen müssen, ist es, dem Ehepartner *Annahme zu vermitteln*, wenn er uns seine Gefühle mitteilt. Paulus ermahnt uns, einander anzunehmen, wie Christus uns angenommen hat (Römer 15,7). Christus nimmt uns an, wie wir sind (Römer 5,8), und hat die Verdammnis aufgehoben (Römer 8,1). Er weiß von unseren Kämpfen, versteht uns und läßt uns nicht allein (Hebräer 4,15). Darum können wir uns ohne Furcht ihm nahen und vor ihm unser Herz ausschütten (Hebräer 4,16).

In der Ehe jedoch, dem schönsten menschlichen Abbild für die Beziehung zwischen Christus und der Gemeinde, versage ich oft darin, meine Frau anzunehmen, wie sie ist. Wie viele Männer und Frauen sagen sich: „Ich könnte meiner Frau nie erzählen, was ich über unser Geschlechtsleben denke oder welche finanzielle Sorgen ich habe oder wie abgelehnt ich mich oft von ihr fühle. Sobald ich mich öffne und ihr rückhaltlos mitteile, was ich denke, werde ich nur noch tiefer verletzt."

Viele von uns sind sich nicht bewußt, auf welch vielfältige Weise wir dem Partner Kritik, Intoleranz und Gefühllosigkeit entgegenbringen, sobald er uns sein Innerstes öffnet. Bei jeder negativen Reaktion meinerseits aber verletze ich meine Frau, die sich rasch hinter einer Maske versteckt, um sich vor weiterem Schmerz zu schützen. Damit sind wir der seelischen Einheit wieder ein Stück weiter entfernt.

Diese Übung soll dazu anleiten, wie wir auf die Gefühle des Partners so eingehen können, daß der andere Wärme, Verständnis und Nähe empfindet. Ehepaaren empfehle ich, diese Übung gemeinsam durchzuarbeiten.

Grundsätzlich gibt es zwei Möglichkeiten, auf die Gefühle anderer einzugehen. Ich kann sie *annehmen* oder *ablehnen*. Obwohl Gefühle nicht das Wesentliche an unserer Persönlichkeit sind, ist nichts schwerer zu handhaben als ein Gefühl. Sooft Ihr Partner sich Ihnen mitteilt, sollten Sie seine Empfindungen mit größter Sorgfalt behandeln, als hätte eine strahlende Mutter Ihnen soeben ihr Neugeborenes in die Arme gelegt. Nur zu oft gehen Männer und Frauen mit den Gefühlen des anderen genauso sorgfältig um, als hätte ihnen jemand eine Kiste mit altem Plunder in die Hand gedrückt mit den Worten: „Geh, stell das irgendwo ab."

Lesen Sie nun die folgenden Zwiegespräche von Ehepaaren durch, in denen der eine Partner ein Gefühl mitteilt und der andere darauf reagiert. Entscheiden Sie bei jedem Beispiel, ob der reagierende Partner (der zweite Sprecher) das Gefühl annimmt oder ablehnt. Je nachdem, wie Sie seine Reaktion einschätzen, kreisen Sie das Wort *angenommen* oder *abgelehnt* ein, das nach jedem Zwiegespräch abgedruckt ist. Bedenken Sie, wann immer jemand mich annimmt, erfahre ich Verständnis und Achtung und bin bereit, noch mehr von meinen tiefsten Gefühlen preiszugeben.

Zwiegespräch 1

Sie: „Gestern abend habe ich mich ziemlich elend gefühlt, weil ich den Eindruck hatte, du wolltest mit mir schlafen, ob es mir paßt oder nicht. Mir kam es nicht so vor, als würdest du meine Wünsche respektieren."

Er: „Aber Liebling, ich wollte dich wirklich nicht zwingen. Ich hatte den Eindruck, du wolltest selbst."

Angenommen *Abgelehnt*

Zwiegespräch 2

Er: „Als ich gestern abend in der Bibelstunde sagte, wie ich diesen Vers verstand, hast du die Stirn gerunzelt und gesagt: ‚Na, das glaube ich nicht so recht.' Am liebsten wäre ich davongelaufen und nie wiedergekommen. Ich bin noch immer wütend."

Sie: „Das tut mir aber leid, Schatz. Warum bin ich nur immer so rücksichtslos zu dir?"

Angenommen *Abgelehnt*

Zwiegespräch 3

Sie: „Jedesmal, wenn du mein Gewicht erwähnst, bin ich so frustriert, daß ich am liebsten noch mehr essen würde; vor allem, wenn du vor anderen davon sprichst. Sobald die

Sprache auf mein Gewicht kommt, möchte ich im Erdboden versinken. Das ganze ist mir höchst peinlich."

Er: „Ich glaube, ich mache das nur, weil ich mich für deine Bemerkungen über unsere Finanzlage rächen will. Wenn du den Leuten immer erzählst, daß wir unseren alten Kasten nur deshalb noch fahren, weil wir uns kein neues Auto leisten können, bin ich wie vor den Kopf gestoßen!"

Angenommen Abgelehnt

Zwiegespräch 4

Er: „Langsam wächst mir der Streß über den Kopf. Ich habe es schon satt, auch nur an die Arbeit zu gehen. Den ganzen Tag mache ich mir Sorgen, ob ich überhaupt etwas verkaufe. Es ist einfach zu viel für mich."

Sie: „Vielleicht solltest du dir eine andere Arbeit suchen, wo der Druck nicht so groß ist."

Angenommen Abgelehnt

Zwiegespräch 5

Sie: „Morgen soll ich im Gottesdienst nach vorne gehen und etwas über die Frauengruppe sagen. Ich bekomme schon heute Bauchweh, wenn ich nur daran denke!"

Er: „Aber, aber, du wirst das schon über die Runden kriegen. Vorher bist du immer nervös, und dann geht alles bestens. Du brauchst wirklich keine Angst zu haben."

Angenommen Abgelehnt

Zwiegespräch 6

Er: „Ich glaube, ich sollte wieder mehr Zeit mit der Familie verbringen. Ich habe schon seit Monaten nicht mehr mit dir und den Kindern gespielt."

Sie: „Ich finde, das eigentliche Problem ist, daß du dir Geldsorgen machst. Darum machst du ja auch so viele Überstunden. Wir würden lieber mit weniger Geld auskommen und mehr von dir haben."

Angenommen Abgelehnt

Lesen Sie nun Zwiegespräch 1 nochmals durch. Eine der gebräuchlichsten Möglichkeiten, ein Gefühl abzulehnen, ist, sich zu *verteidigen* oder sein Vorgehen zu *erklären*, sobald der andere sich mitteilt. Damit wird die Aufmerksamkeit vom Gefühl des Partners auf das eigene Gefühl umgelenkt. Der Ehemann im ersten Zwiegespräch hat die Empfindungen seiner Frau abgelehnt.

Nun zum zweiten Zwiegespräch. Vorschnelle *Entschuldigungen*, ehe man dem Partner Verständnis bekundet hat, sind gewöhnlich bedeutungslos. Sie teilen dem anderen mit: „Darüber möchte ich lieber nicht reden. Ich will gar nicht hören, wie ich dich verletzt habe. Mit einer raschen Entschuldigung kann ich dieses peinliche Gesprächsthema abschneiden." Bei Zwiegespräch 2 sollten Sie *abgelehnt* umkreist haben.

Der Ehemann in Zwiegespräch 3 wendet wohl die häufigste Methode an, um die Gefühle seiner Frau abzulehnen: *Gegenangriff*. Wenn Ihr Partner Ihnen mitteilt, wo Sie ihm wehgetan haben, können Sie einen subtilen, aber sehr wirksamen Gegenangriff starten, indem Sie ihm zeigen, wo er Ihnen wehgetan hat. Das führt entweder zu einem langen und hitzigen Streitgespräch oder zu eisigem Schweigen. Der Ehemann in unserem Beispiel hat die Gefühle seiner Frau ganz eindeutig abgelehnt.

Weiter zu Zwiegespräch 4. Wenn Ihr Partner Ihnen eine Sorge oder einen inneren Kampf mitteilt, sparen Sie sich ihren guten Rat! Dieser entmutigte Ehemann sehnte sich nach dem Trost einer Frau, die ihn achtete. Er kann nichts mit den Vorschlägen eines Beraters anfangen, der ihn als „hilfsbedürftig" betrachtet. Wohlmeinende Ehefrauen geben ihren Männern oft gute Ratschläge, ohne zu bedenken, was sie damit sagen: „Hör mal zu, du Waschlappen, ich werde dir gleich erzählen, was ich an deiner Stelle täte. Was man dir in die Hand gibt, geht ohnehin schief!" Hoffentlich haben Sie in Zwiegespräch 4 *abgelehnt* umkreist.

Lesen Sie nochmals Zwiegespräch 5. Wenn Ihnen Ihr Partner ein Gefühl mitteilt, erzählen Sie ihm bitte nie, dieses Gefühl sei falsch. Das mag Ihnen zwar als Ermutigung vorkommen, doch fühlt sich jedermann wie vor einer Mauer, wenn ihm geraten wird, ein Gefühl nicht zu haben, das er gerade zum Ausdruck gebracht hat. Sätze wie: „Aber Liebling, so sollst du wirklich nicht denken" oder: „Kopf hoch, es gibt gar keinen Grund zum Verzweifeln" sollten Sie besser aus Ihrem Wortschatz streichen. Die Ehefrau in Zwiegespräch 5 fühlte sich jedenfalls nicht angenommen.

Betrachten wir zu guter Letzt Zwiegespräch 6. Eine weitere wirkungsvolle, aber subtile Möglichkeit, um Gefühle abzulehnen, besteht darin, die Einschätzung des zugrundeliegenden Problems zu korrigieren. Jemandem zu sagen, wo das Problem „wirklich liegt" und was somit die beste Lösung wäre, hat mit Annahme nichts zu tun. Natürlich mag es hie und da notwendig sein, die Sicht eines

Problems zu korrigieren. Wer dies jedoch tut, unmittelbar nachdem ihm ein Gefühl mitgeteilt wurde, nimmt den anderen gar nicht ernst. Auch in diesem Fall handelt es sich um eine Strategie, Gefühle abzulehnen.

Jetzt schlage ich vor, daß alle Ehepaare, die diese Übung gemeinsam gemacht haben, Papier und Bleistift zur Hand nehmen. Die Ehemänner sollen sich nochmals die Vorgaben in den Zwiegesprächen 1, 3 und 5 durchlesen und eine Antwort entwerfen, von der sie glauben, sie könnte Annahme vermitteln. Die Ehefrauen dürfen dieselbe Übung an den Zwiegesprächen 2, 4 und 6 durchführen.

Nun tauschen Sie Ihre Antworten aus. Zuerst entscheiden die Ehemänner, ob die Antworten ihrer Frauen ihnen in dieser Situation geholfen hätten, sich angenommen zu fühlen. Dann sind die Frauen an der Reihe zu bestimmen, ob sie sich bei den Antworten ihrer Männer akzeptiert gefühlt hätten. Beurteilen Sie die Reaktionen Ihres Partners durch *angenommen* oder *abgelehnt*. Besprechen Sie Ihre Beurteilungen.

Als Abschluß dieser Übung dienen die folgenden Zwiegespräche. Die Vorgaben sind dieselben wie in den vorangegangenen Beispielen. Die Antworten hingegen sollen zeigen, wie man dem Partner Angenommensein vermitteln kann. Vergleichen Sie die ablehnenden Reaktionen in den obigen Zwiegesprächen mit den annehmenden Antworten in den folgenden Gegenbeispielen.

Zwiegespräch 1

Sie: „Gestern abend habe ich mich ziemlich elend gefühlt, weil ich den Eindruck hatte, du wolltest mit mir schlafen, ob es mir paßt oder nicht. Mir kam es nicht so vor, als würdest du meine Wünsche respektieren."

Er: „Du mußt mich wirklich für selbstsüchtig gehalten haben, weil es mir anscheinend nur um meine Wünsche ging."

Eine gute Möglichkeit, ein Gefühl anzunehmen, ist, wie ein Spiegel die Gefühle des anderen zu *reflektieren*.

Zwiegespräch 2

Er: „Als ich gestern abend in der Bibelstunde sagte, wie ich diesen Vers verstand, hast du die Stirn gerunzelt und gesagt: ‚Na, das glaube ich nicht so recht.' Am liebsten wäre ich davongelaufen und nie wiedergekommen. Ich bin noch immer wütend."

Sie: „Ich bin mir nicht ganz klar darüber, was genau dich so gestört hat. Hattest du den Eindruck, ich wollte dich vor den anderen schlechtmachen?“

Hören Sie genau zu, was der andere sagt. Sind Sie nicht ganz sicher, ob Sie ihn richtig verstanden haben, *fragen Sie nach*, worum es genau ging. Das wird dem Partner zeigen, daß Sie wirklich daran interessiert sind, seine Gefühle kennenzulernen.

Zwiegespräch 3

Sie: „Jedesmal, wenn du mein Gewicht erwähnst, bin ich so frustriert, daß ich am liebsten noch mehr essen würde; vor allem, wenn du vor anderen davon sprichst. Sobald die Sprache auf mein Gewicht kommt, möchte ich im Erdboden versinken. Das ganze ist mir höchst peinlich.“

Er: „Das klingt, als hätte ich dich wirklich verletzt. Du scheinst den Eindruck bekommen zu haben, ich würde dich nicht so annehmen und lieben, wie du bist. Hast du das gemeint?“

Eine weitere Möglichkeit, ein Gefühl anzunehmen, ist, die Aussage des Partners zu *klären*. Beschreiben Sie ihm, wie Sie seine Gefühle verstanden haben, und fragen Sie nach, ob Ihr Eindruck richtig ist.

Zwiegespräch 4

Er: „Langsam wächst mir der Streß über den Kopf. Ich habe es schon satt, auch nur an die Arbeit zu gehen. Den ganzen Tag mache ich mir Sorgen, ob ich überhaupt etwas verkaufe. Es ist einfach zu viel für mich.“

Sie: „Das muß wirklich schwer für dich sein. Du hast doch schon einmal gesagt, du seist mit dieser Arbeit gar nicht zufrieden. Liegt das Problem nicht teilweise darin, daß du an dieser Art Arbeit überhaupt keine Freude hast?“

Eine vierte Methode, Gefühle anzunehmen, ist, das Gesagte zu *erweitern*, dem anderen jedoch nicht zu widersprechen, sondern verwandte Gefühle zu nennen, die ebenfalls zutreffen könnten.

Zwiegespräch 5

Sie: „Morgen soll ich im Gottesdienst nach vorne gehen und etwas über die Frauengruppe sagen. Ich bekomme schon heute Bauchweh, wenn ich nur daran denke!“

Nun möchte ich allen *Ehefrauen*, die dieses Buch lesen, nahelegen, selbst eine Antwort zu entwerfen, mit der sie sich angenommen fühlen würden.

Zwiegespräch 6

Er: „Ich glaube, ich sollte wieder mehr Zeit mit der Familie verbringen. Ich habe schon seit Monaten nicht mehr mit dir und den Kindern gespielt."

Nun wünsche ich mir von allen *Ehemännern* eine Antwort, die ihnen Annahme signalisieren könnte.

Die folgende Zusammenstellung enthält die Hauptpunkte dieser Übung:

Richtige Reaktion auf die Gefühle des anderen: Einige Richtlinien

Methoden, um Gefühle abzulehnen

1. Verteidigung / Erklärung

„Ich habe das nur gesagt, weil ..."
„Das habe ich ganz anders gemeint: ..."

2. Entschuldigung

„Das tut mir wirklich leid."
„Ich hätte das nicht sagen sollen ..."

3. Gegenangriff

„Vielleicht habe ich das wirklich falsch gemacht, aber du ..."
„Da magst du schon recht haben, aber dann frage ich mich, warum du ..."

4. Gute Ratschläge

„Vielleicht solltest du ..."
„Ich glaube, wenn du nur ..."

5. Aufmuntern

„Aber bitte, wie kannst du ..."
„Aber Liebling, deshalb solltest du wirklich nicht ..."

6. Korrigieren

„Ich glaube, eigentlich bist du nur ..."
„Ich würde eher sagen, ..."

Möglichkeiten, um Gefühle anzunehmen

1. Reflektieren

„Es scheint mir, du fühlst dich..."
„Du mußt dich wirklich ... gefühlt haben, als ich..."

2. Nachfragen

„Willst du damit sagen, daß...?"
„Kommt es dir vielleicht so vor, als ob...?"

3. Klären

„Ich weiß nicht ganz genau, was du damit meinst..."
„Kannst du mir noch ein Beispiel nennen? Wie steht es damit, wenn..."

4. Erweitern

„Das war doch schon einmal, als ... Hast du dich damals auch so gefühlt, ...?"
„Das kann ich mir gut vorstellen. An deiner Stelle würde ich auch..."

1 Das Buch *Responsible Assertive Behavior* (etwa: recht verstandene Selbstbestätigung) verteidigt die Behauptung eigener Wünsche folgendermaßen: „...der Mensch hat das Recht, etwas zu ‚wollen' und von anderen zu erwarten, seine persönlichen Rechte zu respektieren" (Seite 64). Freilich geben die Autoren zu: „Die Frage, woher diese persönlichen Rechte stammen, bleibt ungeklärt. Sind es unveräußerliche Rechte? Sind sie dem Menschen an sich zu eigen?... Gegenwärtig haben wir diese Grundfrage noch nicht restlos geklärt" (Seite 64). Damit geben die Autoren zu, die Grundthese ihres Buches entbehre jeder Grundlage. A. J. Lange und P. Jakubowski: *Responsible Assertive Behavior* (Champaign, Ill.: Research Press 1976)

2 *Die Last des andern* (Basel und Gießen: Brunnen Verlag 1984)

Kapitel 5:

Leibliche Einheit
Lust mit persönlicher Bedeutung

Gleich nach den kommunikativen Schwierigkeiten belegen die sexuellen Probleme den zweiten Platz unter den Problemen des Ehealltags. Nirgends treten die Differenzen zwischen Eheleuten schmerzhafter zutage als im Schlafzimmer.

Hier eine Auswahl von Problemstellungen, die mir in der Seelsorge oft zu Ohren kommen:

„Ich fühle mich so mißbraucht von meinem Mann. Wenn er Sex will, soll ich augenblicklich bereit sein. Nie gibt er sich damit zufrieden, mich einfach zu umarmen, es endet immer im Schlafzimmer. Ich habe schon Angst davor, ihn nur anzurühren."

„Ich verstehe nicht, warum meine Frau so reserviert ist. Manchmal wünsche ich mir nichts als einen Kuß, aber sie macht nur der Form halber mit. Es fällt mir so schwer, nicht anderswo nach Befriedigung zu suchen. Warum ist sie nur so wenig bereit, meine sexuellen Bedürfnisse ernstzunehmen?"

„Ich glaube, ich habe noch nie einen echten Orgasmus gehabt. Das treibt mich schier zum Wahnsinn! Ich fühle mich jedesmal betrogen, wenn ich merke, wie mein Mann es genießt. Und was noch schlimmer ist, ich kann das nicht vor ihm zugeben. Ich tue einfach so, als ob. Wenn er wüßte, daß er mich nicht befriedigt, wäre er wütend."

„Ich fühle mich überhaupt nicht mehr zu meiner Frau hingezogen. Sie ist nörglerisch, rechthaberisch und übergewichtig. Sie zieht sich nie chic an, wenn wir zu Hause sind. Mit der Zeit ist es mir schon egal, was sie anhat. Ich bin gar nicht mehr scharf darauf, ein gutes Sexualleben mit ihr aufzubauen."

„Glauben Sie, daß oraler Sex falsch ist? Mein Mann und ich vertragen uns recht gut, ausgenommen in diesem Punkt. Er will es immer ausprobieren, aber schon der Gedanke daran schreckt mich ab. Er sagt, wenn ich ihn wirklich lieben würde, müßte ich es zumindest versuchen."

„Unsere Ehe ist ja ganz in Ordnung, aber unser Geschlechtsleben ist eine Katastrophe. Nicht daß wir irgendwelche besonderen Probleme hätten, aber wir warten einfach, bis wir völlig erschöpft sind, und dann ist es eher wie eine Pflicht. Jede Spur von Romantik ist verschwunden."

Stellen Sie sich vor, Sie wären der Seelsorger. Was würden Sie tun, um diesen Menschen zu helfen? Wo liegt hier jeweils das Grundproblem: schlechte Sexualtechniken, Unsicherheit, psychische Hemmungen, Selbstsucht, Unterschiede im Sexualtrieb? Was ist eigentlich das christliche Ideal eines guten Geschlechtslebens in der Ehe?

In diesem Buch begann ich damit, daß eine intime Beziehung zwischen Mann und Frau beim Hineinwachsen in die *geistliche Einheit* beginnt, indem beide Partner Sicherheit und Bedeutung in Christus finden und nicht ineinander. Daraus entsteht eine *seelische Einheit*, nämlich der Vorsatz, dem Partner zu dienen, statt ihn dazu zu manipulieren, daß er einem selbst dient.

Das Ziel der Einheit in der Ehe umfaßt aber noch ein drittes Element, das sehr oft irrtümlicherweise an die erste Stelle gesetzt wird. Vergegenwärtigen wir uns: Der Mensch hat nicht nur einen *Geist*, durch den er Gemeinschaft mit Gott pflegen kann, und eine *Seele*, durch die er zu anderen Menschen in Beziehung tritt, er hat auch einen *Körper*, einen Leib – ausgestattet mit allen fünf Sinnen – , durch den er körperlich mit anderen in Kontakt treten kann. Wir können einander *berühren*, einander *riechen*, *sehen*, *hören* und sogar *schmecken*.

Und genauso wie Gott uns Anweisungen für unsere persönlichen Beziehungen untereinander gegeben hat, hat er auch klare Richtlinien für unseren körperlichen Umgang miteinander aufgestellt. Wer sich nach diesem Plan Gottes richtet, wird in seiner Ehe eine lustvolle und sinnliche sexuelle Beziehung erleben. In diesem Kapitel werde ich deshalb zuerst klären, was leibliche Einheit ist, und dann der Frage nachgehen, wie man sie erreichen kann.

Leibliche Einheit oder Spaß am Sex?

Viele Ehepaare, die wegen sexueller Schwierigkeiten in die Seelsorge kommen, geben sich mit einer Auffassung von Geschlechtlichkeit zufrieden, die weit hinter Gottes Plan zurückbleibt. Viele Männer wollen bloß lernen, wie sie ihren Erguß kontrollieren können, und Frauen wünschen sich einen häufigeren Orgasmus. Meistens werde ich gebeten zu helfen, daß sich Spannungen im Schlafzimmer reduzieren und beide Partner so weit kommen, sich auf den ehelichen Akt freuen und ihn genießen zu können.

Wenn ich jedoch das Hohelied lese, die Liebesgeschichte der Bibel, und darüber nachdenke, wie kostbar die eheliche Vereinigung sein sollte – kostbar genug, um als lebendiges Abbild für die Bande zwischen Christus und seiner Gemeinde zu dienen –, so überkommt mich der Eindruck, daß ein gläubiges Ehepaar sich selbst betrügt, wenn es von der Sexualität nichts anderes verlangt als mehr Lust und weniger Frust. Damit meine ich nicht, wir sollten eine Art „geistlichen Sex" erstreben, der über jeden sinnlichen Genuß erhaben ist. Mir scheint jedoch, unsere Sexualität könnte viel mehr hergeben als einen funktionierenden Geschlechtsakt. In einer Pfütze herumzuplanschen, wo Gott einen Ozean vorgesehen hat, ist keine edle Selbstverleugnung, sondern ganz einfach tölpelhaft. Damit bringen wir nicht nur uns selbst um den Segen, der für uns bestimmt war, wir verweigern zugleich dem Herrn die Ehre und Freude, uns etwas schenken zu können.

Lassen Sie mich das erklären, indem ich eine Unterscheidung treffe zwischen leiblicher Einheit und „Spaß am Sex". Wie üblich, bietet Satan dieses Geschenk Gottes in einer gefälschten Form an. Wie das Zeugnis tausender Menschen bestätigt, genügt es zu lustvollem Sex, zwei willige Körper in der richtigen Stellung zusammenzubringen. Eine gefühlsmäßige Beziehung zwischen beiden ist nicht notwendig. Ein Mann berichtete mir, er habe während seiner Zeit beim Militär sexuelle Beziehungen mit Dutzenden von Frauen gehabt, ohne jemals eine von ihnen mit Namen zu kennen. Der Geschlechtsakt an sich ließ dabei nichts zu wünschen übrig. Indem ich die bloße körperliche Lust als „Spaß am Sex" bezeichne, grenze ich sie lediglich ab von einer frustrierenden, freudlosen, problemgeladenen Geschlechtlichkeit. Ich will damit nicht sagen, nur sündiger Sex könne Spaß machen.

Zwischen dem reinen „Spaß am Sex" und der leiblichen Einheit, die Gott gewollt hat, liegen dennoch Welten. Leibliche Einheit ist jene körperliche Beziehung, die ein christliches Ehepaar erlangen kann, sobald es die Realität geistlicher und seelischer Einheit erfahren hat. Den Unterschied können wir ganz einfach definieren: Sex als Vergnügen ist sinnliche Lust *ohne* wirkliche persönliche Bedeutung. Leibliche Einheit ist sinnliche Lust *mit* persönlicher Bedeutung. Darauf will ich genauer eingehen.

Sex als Vergnügen

Mit unserem Geschlechtstrieb stimmt etwas nicht. Unser natürliches Verlangen nach erotischer Erfüllung ist zu einem unersättlichen Tyrannen geworden, der keine Grenzen und keine Zurückhaltung kennt. Ein ruinierter Ruf, eine zerbrochene Beziehung, ein frühzeitig abgebrochener Dienst in der Gemeinde – kein Preis scheint zu hoch, wenn es um sexuelle Befriedigung geht. Warum? Weshalb ist das biologische Verlangen nach lustvollem Sex zu einem grausamen Beherrscher geworden, der uns dazu bringt, Gottes Gebote zu mißachten?

Einer der großen Irrtümer unserer Zeit ist die verbreitete Ansicht, der Mensch sei nichts als ein komplexes, denkfähiges Gebilde aus Materie, ein chemisches Gefüge, das während der Schwangerschaft entsteht und nach dem Tod zerfällt. Wörter wie *Seele* und *Geist* haben ihre eigentliche Bedeutung verloren und dienen nur noch als vage Umschreibungen dessen, was die Maschine Mensch ausmacht. In Wirklichkeit ist alles nur Chemie: Knochen, Organe, Haut und Haare.

Gegen diese zeitgeistliche Tendenz hat sich eine starke Bewegung gebildet, die gegen jede Entmenschlichung auftritt und darauf besteht, daß der Mensch mehr als der Körper ist. Er ist eine Person, so sagen die Anhänger dieser Bewegung, deren Wert nicht auf ihren Körper reduziert werden kann.

Viele fühlen sich von der Vorstellung, der Mensch sei mehr als eine bloße Maschine, durchaus angesprochen. Ein Großteil unserer Mitmenschen mag glauben, der Fötus sei nichts als ein Zellklumpen, dennoch sträubt sich irgend etwas in uns gegen den Gedanken, das quäkende Kind in unseren Armen sei nichts als eine denkende, lärmende Maschine. Wir wollen die Menschen, zumindest soweit wir sie mögen und schätzen, als Personen und nicht als Maschinen betrachten.

Hier stoßen wir freilich auf ein Problem. Solange wir uns weigern – wie es die meisten Humanisten tun –, an die Erschaffung des Lebens durch einen persönlichen Schöpfer zu glauben, ist es eine schillernde Seifenblase zu denken, der Mensch könnte mehr sein als eine unpersönliche, komplizierte Maschine. Etwas Unpersönliches kann nichts Persönliches hervorbringen, genausowenig wie ein Stein zu einem Hund werden kann. Vom Wert des Menschen als Person zu sprechen, ohne von einem lebendigen und persönlichen Gott auszugehen, erweist sich als Torheit.

Ohne die Einbeziehung Gottes gibt es keine Grundlage dafür, uns selbst als wirkliche Personen (die mehr sind als nur Körper) zu betrachten, noch können wir erwarten, daß unsere Bedürfnisse als Person erfüllt werden. Solange der Mensch nicht mehr ist als eine Maschine, hat er ja keine persönlichen Bedürfnisse.

Was aber, sollten wir wirklich nur Maschinen sein? Dann bliebe nichts zu tun, als unserem Körper den größtmöglichen sinnlichen Genuß zu verschaffen. „Sinnlicher Genuß", das bedeutet essen, was schmeckt; trinken, was fröhlich macht; schlafen, wo es bequem ist; fahren, was schnell ist und uns ein Gefühl der Freiheit und der Kraft verleiht; anziehen, was chic ist; in Kreisen verkehren, die nobel und geachtet sind; in einer Wohnung leben, die allen nur denkbaren Komfort bietet; im Urlaub hinfahren, wo Sonne, Sand und Meer garantiert sind; und Freunde haben, mit denen man etwas unternehmen kann. Alle diese Dinge erfreuen den Leib und erfüllen uns mit angenehmen Gefühlen.

Das eigentlich Traurige, wenn wir uns selbst nicht als Person nach dem Ebenbild Gottes betrachten, liegt darin, daß wir dann versäumen, unsere tatsächlichen Möglichkeiten an *persönlicher* Befriedigung zu verwirklichen. Die tiefste Freude und Befriedigung erfahren wir nämlich nicht durch unsere fünf Sinne. Sogar Christen, die es eigentlich besser wissen sollten, versuchen *persönlichen* Schmerz durch *körperliche* Lust zu betäuben. Sind wir durch Ablehnung, Leere, Angst oder Einsamkeit verletzt, ist die Versuchung fast unwiderstehlich, durch angenehmes sinnliches Erleben Erleichterung zu suchen. Sind wir gelangweilt, helfen wir uns mit Knabbergebäck; sind wir nervös, soll ein warmes Bad Entspannung bringen; fühlen wir uns einsam, masturbieren wir. Wir klammern uns an jeden Strohhalm, um den Schmerz im Inneren durch gute Gefühle zu übertönen.

Und kein körperliches Empfinden ist so befriedigend und packend wie die Erregung und Entladung des Sexualtriebs. Wer in sich selbst nicht mehr als einen Körper erblickt und es daher zu seinem höchsten Ziel macht, sich körperliche Befriedigung zu verschaffen, ist bei Sex an der richtigen Adresse. Das Streben nach sexueller Befriedigung kann einen Menschen völlig gefangennehmen. Die zwangsneurotische Jagd nach sexueller Lust, der sich unsere Gesellschaft hingibt, wurzelt in der Verleugnung des persönlichen Menschseins, der persönlichen Gemeinschaft mit Gott und anderen.

Frauen, die mit Unsicherheit zu kämpfen haben (etwa: „Meinem Mann bedeute ich nichts mehr“), widmen sich oft dem Essen, neuen Kleidern oder erfüllenden Aufgaben, um den Schmerz des Ungeliebtseins zu betäuben. Aber nichts vermag persönlichen Schmerz besser zu überdecken als sexuelle Intimität. Die körperliche Lust der sexuellen Entspannung ist zumindest kurzfristig eine gelungene Fälschung der persönlichen Freude, die aus der wahren Sicherheit kommt.

Männer, die sich mit Zweifeln über ihren Selbstwert herumschlagen, die mit einem Mangel an Frieden und Selbstachtung zu kämpfen haben, können durch Sex einen problemlosen, bequemen Ersatz für ihre Erfüllung als Mann finden. Viele versuchen mit der Verachtung durch ihre Frau fertigzuwerden, indem sie eine Affäre mit einer anderen beginnen, ein pornographisches Magazin lesen oder Selbstbefriedigung betreiben, während in ihrer Phantasie erotische Szenen ablaufen. Das funktioniert: Eine Zeitlang fühlen sie sich großartig.

Doch anstatt die persönlichen Probleme der Ablehnung oder Verachtung zu lindern oder zu lösen, verschüttet die sexuelle Lust diesen Schmerz nur unter einem Berg körperlicher Empfindungen. Es ist, als wolle jemand einen Gehirntumor heilen, indem er sich betrinkt. Zwar fühlt er den Schmerz nicht mehr, doch ist er immer noch todkrank.

Die ungelöste Not – der Mangel an Sicherheit und Bedeutung – schreit noch immer nach Erfüllung. Diese innere Leere macht sich oft als Drang nach noch mehr körperlicher Lust bemerkbar. Der Teufelskreis schließt sich: Das Betäubungsmittel der sexuellen Lust, das den persönlichen Schmerz lindern soll, verdrängt diesen Schmerz ins Unbewußte, wo er nicht mehr als *persönliches* Problem fühlbar wird, sondern als Begierde nach noch mehr *körperlicher* Lust. Die gesteigerte sinnliche Lust wiederum macht es noch schwieriger, den Schmerz als in der Person bedingt zu empfinden, und treibt statt dessen das Verlangen nach Sinnlichkeit weiter an. Die Folge sind noch mehr sexuelle Abenteuer, bis hin zur völligen Verkommenheit. Was als Versuch begonnen hat, ein Problem zu lösen, schafft nur weitere Nöte: Schuld, Selbstverteidigung, weitere Versklavung durch innere Triebe, ungestillte persönliche Fragen. Der Sünde Sold ist Tod. Der Weg mag richtig scheinen, am Ende jedoch steht die Vernichtung der Person.

Nur wenige Affären (selbst homosexuelle) sind einzig vom Verlangen motiviert, die körperliche Lust des sexuellen Orgasmus zu erleben. Obwohl diese einzigartige sinnliche Empfindung an sich schon einen Reiz ausübt, ist der *zwanghafte* Sexualtrieb, der sich in der unersättlichen Jagd nach mehr Sinnlichkeit ausdrückt, eher die Folge des Verlangens, den bohrenden persönlichen Schmerz der Unsicherheit und Bedeutungslosigkeit zu betäuben.

Damit will ich sagen: Sex ist eine *körperliche* Lösung für ein *persönliches* Problem. Das Schlimme daran ist, daß es zu funktionieren scheint. Während der kurzen Augenblicke der sexuellen Erfüllung erlebt man eine pulsierende Erregung des Körpers, die dem Empfinden wahrer seelischer Erfüllung täuschend ähnlich ist. Die beste Nachahmung, die der Satan für den dauerhaften und wirklichen *persönlichen* Wert in Christus zu bieten hat, ist die vergängliche, wenn auch intensive *körperliche* Sinnlichkeit der Sexualität. Der Satan versucht uns weiszumachen, wir hätten unser Potential an Befriedigung voll ausgeschöpft, sooft unser Körper vor sexueller Erregung bebt, als gäbe es keine tiefere Freude. Diese Lüge glauben wir in dem Maße, wie wir uns selbst als bloße Maschinen betrachten, die sich aus unpersönlicher Materie entwickelt haben, statt als echte Personen, geschaffen im Ebenbild des persönlichen Gottes.

Was der Teufel zu bieten hat, ist Sex zum Spaß, zum Vergnügen. Sex, der einer Frau hilft, sich eine Zeitlang begehrt, erfüllt, gewollt und sicher zu fühlen. Sex, der einem Mann hilft, sich attraktiv, vollwertig, männlich und bedeutend vorzukommen. Wirkliche Beziehungen, basierend auf liebevoller Hingabe, hat der Teufel nicht zu bieten. Sex zum Spaß ist eine Lüge. Er befriedigt den Körper, läßt jedoch den Menschen innerlich leer und verzweifelt zurück. Sex als Vergnügen ist sinnlicher Genuß ohne persönliche Bedeutung.

Leibliche Einheit

Gott hat mehr zu bieten als sexuelles Vergnügen. Sein Plan für die leibliche Einheit zielt nicht nur ab auf die legitime körperliche Freude der sexuellen Intimität, sondern auch auf wahre Bedeutung. Leibliche Einheit umfaßt Lust für den Körper und Bedeutung für die Person. Ich möchte darauf näher eingehen.

Persönliche Bedeutung hängt nach dem Plan Gottes davon ab, ob wir seinen Willen erfüllen. Es ist bedeutungslos, an einer Sache zu arbeiten, die keinen ewigen Bestand hat, sondern wie eine Sandburg verschwinden wird. An etwas Unvergänglichem zu bauen, ist hingegen bedeutungsvoll. Die Ehebeziehung wurde von Gott geschaffen, um Menschen zu formen. Sie gibt Mann und Frau die Gelegenheit, auf einzigartig intime Weise einem unsterblichen Menschen zu dienen. Um die volle Bedeutung der Ehe zu erfahren, muß man daher den Beschluß fassen und im täglichen Leben ausführen, dem anderen zu dienen und ihn aufzubauen. Je mehr wir nun die Gelegenheiten wahrnehmen, dem Partner zu dienen, desto mehr Bedeutung wird unsere Ehe haben. Das ist die seelische Einheit, von der wir bereits sprachen.

Während ich mich bemühe, den persönlichen Bedürfnissen meiner Frau zu dienen, empfinde auch ich Bedürfnisse. Hier muß ich rückhaltlos die Wahrheit in Anspruch nehmen, daß Gottes Nähe mir alles gibt, daß er allein genügt, um meine Bedürfnisse nach wahrem Leben zu erfüllen. Indem ich mir vor Augen halte, daß ich in Christus Sicherheit und Bedeutung habe, kann ich im Glauben als erfüllter Ehemann meiner Frau nahekommen und ihr die Liebe mitteilen, die in mein Herz eingezogen ist, ohne auf Gegenliebe angewiesen zu sein. Reagiert sie mit liebender Achtung, ist meine Freude unermeßlich. Reagiert sie hingegen mit Gleichgültigkeit, Kritik oder Ablehnung, so tut mir das weh, doch ändert sich damit nichts an der Wahrheit meiner Erfüllung und meines Heils in Christus. Darum kann mir die Reaktion meiner Frau nichts wegnehmen. Je mehr ein Ehepartner den anderen aus seiner Fülle in Christus beschenkt, desto größer wird die geistliche Einheit werden.

Die Erfüllung in der Ehe hängt von dem Maß an seelischer Einheit ab. Und seelische Einheit gibt es nicht ohne geistliche Einheit. Zwei Menschen, die auf diesen beiden Ebenen eins geworden sind, erleben innige und tiefe Gemeinschaft. Sie berühren einander im Kern ihrer Persönlichkeit. Ihre Kommunikation geht über das Alltägliche hinaus (etwa: „Was gibt es heute zum Essen" oder: „Wo machen wir dieses Jahr Urlaub?" oder: „Was ist mit heute nacht? Ist schon einen Monat her!"). Beide Partner erfahren ihre einzigartige Nähe nicht in einem stetigen Entwicklungsprozeß, sondern mehr durch ein plötzliches Erkennen, ein Aufwallen von Gefühl, das mit der Zeit an Intensität verliert, jedoch an Häufigkeit zunimmt und mehr und mehr zu einem bleibenden Bewußtseinsstand wird. In der geschlechtlichen Vereinigung genießen

Mann und Frau die körperliche Liebe zueinander im Rahmen einer *persönlichen* Einheit, die bereits besteht. Das Hohelied Salomos ist voller Jubel über die triumphierende Freude der geschlechtlichen Liebe zweier Menschen, die durch ein inniges persönliches Band verbunden sind. Die beiden *Körper*, die im Geschlechtsakt eins werden, gehören zu zwei *Personen*, die schon eins geworden sind.

In den Sprüchen ermahnt Salomo die jungen Männer, die geschlechtliche Lust mit der nächstbesten Frau zu meiden, die körperliche Berührung mit der eigenen Frau jedoch uneingeschränkt zu genießen. Die geschlechtliche Erregung an und für sich ist schon etwas Besonderes. Die körperliche Vereinigung zweier Menschen aber, die einander in einer Beziehung der geistlichen und seelischen Einheit lieben, liegt auf einer noch intensiveren Ebene.

Leibliche Einheit habe ich definiert als „sinnliche Lust mit persönlicher Bedeutung". Das möchte ich genauer erklären. Leibliche Einheit ist

– sexuelle Lust zwischen zwei Menschen, die ihre eigenen Bedürfnisse dem Herrn anvertraut haben und sich von Gott gebrauchen lassen, um den Bedürfnissen des Partners zu dienen;
– sexuelle Lust aus dem unbedingten Vorsatz, dem Partner auch im körperlichen Bereich zu dienen, indem man ihm die größtmögliche sinnliche Befriedigung zuteil werden läßt;
– sexuelle Lust in der gemeinsamen Erfahrung der sinnlichen Erregung und geschlechtlichen Befriedigung;
– sexuelle Lust, die beiden Partnern das Bewußtsein ihrer unverbrüchlichen Einheit näherbringt.

Hindernisse auf dem Weg zur leiblichen Einheit

Wenn Gott gewollt hat, daß Mann und Frau ihre Geschlechtlichkeit genießen, warum ist Sex dann so oft eine Quelle des Streits, der Langeweile und der Enttäuschung, statt zur Einheit, Erfüllung und Freude zu führen? Wenn wir denen Glauben schenken, die sich hemmungslos der Lust hingeben, dann ist der beiläufige Sex mit einer flüchtigen Bekanntschaft weit erfüllender als alle krampfhaften Versuche, im Ehebett zur leiblichen Einheit zu gelangen. Ein verheirateter Mann gestand mir, er sei bei seiner gläubigen Frau impotent, bei seiner ungläubigen Freundin jedoch der beste Liebhaber. Für ihn war die biblische Auffassung von Moral gleichbedeutend mit dem Befehl zur völligen Enthaltsamkeit.

Jeder Mensch, ob gläubig oder nicht, würde sich bei der Wahl zwischen Sex als Vergnügen oder leiblicher Einheit höchstwahrscheinlich für sinnliche Lust *mit* persönlicher Bedeutung entscheiden. Für viele jedoch scheint die Alternative zu „Sex als Vergnügen“ (Lust ohne Bedeutung) „keinerlei Einheit“ (weder Lust noch Bedeutung) zu heißen. Verständlicherweise überschreiten immer mehr bekennende Christen die Grenze der biblischen Gebote, um eine gescheiterte Beziehung, in der sie nichts als sexuelle Frustration erleben, hinter sich zu lassen und etwas zu finden, was sich wenigstens gut anfühlt.

Unsere Gesellschaft muß nicht daran erinnert werden, wie schön sexuelle Sinnlichkeit sein kann. Um Spaß am Sex zu haben, ist keine biblische Beziehung ehelicher Einheit, ja überhaupt keine persönliche Beziehung erforderlich. Im Gegenteil – und das wird vielen christlichen Paaren zum Verhängnis –: Alle Versuche, zu einer tiefen persönlichen Beziehung zu gelangen, scheinen der sexuellen Lust eher im Wege zu stehen, als sie zu fördern. Ein Paar, das sich einander zu öffnen versucht und den Dienst am anderen voranstellt, schlittert oft in persönliche Konflikte. Schwärende Wunden brechen auf, und ungelöste Spannungen löschen jeden Funken der Sinnlichkeit aus.

Warum nur? Gott verbietet jede Geschlechtlichkeit außerhalb der Ehe. Doch das Bemühen, dem ehelichen Versprechen durch das Entwickeln von Nähe gerecht zu werden, gerät leicht in Konflikt mit dem sexuellen Lustempfinden. Nach Gottes Willen aber sollen wir die Freude der Geschlechtlichkeit innerhalb einer wachsenden persönlichen Beziehung genießen. Der Rest dieses Kapitels ist deshalb der Frage gewidmet, warum die Ehe der schlechteste Rahmen sein kann, um geschlechtliche Lust zu empfinden, wie wir sie jedoch zur perfekten Umgebung machen können, um körperliche Einheit zu erfahren.

In den Jahren seit der Veröffentlichung des umstrittenen und doch aufschlußreichen Berichts von Masters und Johnson ist viel über das menschliche Sexualempfinden geschrieben worden.[1] Diese umfangreichen Untersuchungen haben drei sich teilweise überschneidende Arten von Problemen aufgezeigt, die das sexuelle Empfinden schwächen und das normale sexuelle Ablaufschema der Erregung und orgasmischen Entladung stören können. Diese Probleme sind:

1. *Persönliche Probleme:* Persönliche Komplexe oder psychische Hemmungen lassen sich oft auf frühere Verletzungen zurückführen, die etwas mit Geschlechtlichkeit zu tun haben (z. B. Vergewaltigung, Blutschande, Strafe für sexuelle Neugier).

2. *Zwischenmenschliche Probleme:* Spannungen in der Beziehung zwischen den Partnern haben ihre Ursache oft in Kommunikationsproblemen, Groll und Bitterkeit, Angst vor Ablehnung, Schuldgefühlen wegen vergangener Zudringlichkeiten usw.

3. *Sexualtechnische Probleme:* Mangelnde Kenntnis des richtigen Verhaltens im Geschlechtsakt, d. h., wie man die Lust fördert, geschlechtliche Erregung herbeiführt und zum Höhepunkt kommt.

Die sexualtechnischen Probleme lassen sich dabei meist am leichtesten korrigieren. Die beiden anderen Problemkreise gehen hingegen auf weit hartnäckigere persönliche Schwierigkeiten zurück und erfordern zu ihrer Überwindung große Einsicht und oft schmerzhafte Gefühlsarbeit. Aus diesem Grund bleiben viele Menschen auf dem breiten, ebenen, problemlosen Weg des sexuellen Vergnügens, statt den engen, langen und steilen Pfad zur leiblichen Einheit zu suchen.

Für Christen stellt sich hier natürlich keine Alternative. Sie sind gefordert, die harte Arbeit an der Beziehung auf sich zu nehmen als Grundlage für den sinnlichen Genuß der Sexualität. Sex zum Vergnügen bleibt weit hinter Gottes Willen für uns zurück; Gott läßt sich niemals auf eine Fälschung ein, er gibt uns vielmehr die Kraft, den schmalen Weg zur leiblichen Einheit zu gehen. Woraus aber erwächst diese Kraft? Werfen wir einen kurzen Blick auf die Mittel, die Christus uns verfügbar macht, um diese drei Hindernisse auf dem Weg zur leiblichen Einheit zu überwinden.

Persönliche Probleme

Meiner Ansicht nach sind alle jene Probleme, die wir als „Komplexe" oder „psychische Hemmungen" bezeichnen, Symptome ungestillter persönlicher Bedürfnisse. Wer Angst davor hat, jemandem zu vertrauen, sich ganz zu öffnen, Entscheidungen zu treffen und sich zu entspannen, statt aktiv zu sein, hat nie wirklich verstanden, was es heißt, Sicherheit und Bedeutung in Jesus Christus zu besitzen. Hinter dem *Symptom* psychischer Probleme verbirgt sich die *Wirklichkeit* unerfüllter Bedürfnisse nach persönlichem Wert. Diese Bedürfnisse bleiben ungestillt, weil es uns schwerfällt, Gott beim Wort zu nehmen und die Tatsache für gegeben anzunehmen, daß wir in Christus sicher und bedeutsam sind. Ein Beispiel:

Ein Mädchen wird von seinem Vater sexuell belästigt. Aus diesem verwirrenden, schmerzvollen Erlebnis schließt es, Männer seien brutal und verletzend und dürften nie ihr volles Vertrauen genießen. Vielleicht wächst diese junge Frau mit der Vorstellung auf, ihr Bedürfnis nach Sicherheit könne nicht erfüllt werden, und es wäre das beste, sich vor der Ablehnung zu schützen, indem sie sich von Männern weit genug fernhält.

Eines Tages heiratet sie. Ihr Mann freut sich auf die erste gemeinsame Nacht. Sobald er sich ihr jedoch nähert, bekommt sie einen Kloß im Hals, wird nervös und angespannt. Ihr Mann bemüht sich, geduldig zu sein, kann seine Enttäuschung und Ernüchterung aber nicht verbergen. Sie fühlt sich wie zerschlagen und fragt sich, was mit ihr nicht stimmt. Und es wird nicht besser. Im Laufe der Monate verschließt sie sich sexuell immer mehr, um weiteren Enttäuschungen vorzubeugen. Ihr Mann versucht sie ein paarmal mit Tricks zu verführen, gibt jedoch schließlich auf und begnügt sich damit, mechanisch mit ihr zu verkehren, so oft ihr schlechtes Gewissen sie ihm gefügig macht. In der Gemeinde sitzen die beiden nebeneinander, aber es entsteht keine Wärme zwischen ihnen; ein gemeinsames Liederbuch ist das einzige, was sie verbindet. Erfüllender, lustvoller Sex liegt in weiter Ferne. Den Anfang dieser Tragödie bildetete ein persönliches Problem, in diesem Fall auf seiten der Frau.

Bedenken wir die Wurzel des Problems. Diese Frau ist von *Angst* bestimmt, und zwar aufgrund der *falschen Überzeugung*, wenn sie sich ihrem Mann hingäbe und er sie irgendwie mißhandeln sollte, könne sie dem Schmerz der Unsicherheit nicht mehr ausweichen. Ihr Problem liegt nicht in der Belästigung durch ihren Vater. Natürlich war dieses Ereignis schrecklich, der Schaden entstand aber erst durch ihre *Vorstellungen*. Lange Jahre hindurch war ihr Leben von der Annahme bestimmt, sexuelle Nähe zu einem Mann stelle eine echte Bedrohung ihrer Sicherheit als Frau dar.

Diese Vorstellung ist jedoch schlicht und einfach falsch. Das Grundbedürfnis des Christen nach Sicherheit und Annahme im Rahmen einer Beziehung ist voll und ganz erfüllt, da er in Christus geliebt ist. Diese Frau handelte jedoch nicht aufgrund dieser Wahrheit. Sie verließ sich auf ihren Mann. Er sollte ihr Sicherheit vermitteln. Weil sie aber überzeugt war, Nähe bedeute Unsicherheit, hielt sie Distanz von ihm, was die leibliche Einheit unmöglich machte.

Die Lösung ihres Problems lag nun *nicht* darin, sich einzureden, ihr Mann würde ihr nicht wehtun, sondern sie mußte ihre Überzeugung ablegen, sexuelle Nähe sei eine Bedrohung ihres Liebesbedürfnisses. Da ihr Bedürfnis nach Liebe vom Gott der Liebe selbst erfüllt war, kann eine Ablehnung durch den Ehemann zwar *schmerzhaft* sein, nicht aber *bedrohlich*. Ihr Bedürfnis nach Sicherheit bleibt erfüllt, weil Christus unabänderlich treu ist.

Aufgrund dieser Tatsache muß sie vom Felsen der Sicherheit abspringen (um auf das Bild aus Kapitel 2 zurückzukommen), hinab in den Abgrund, in das, was sie am meisten fürchtet, indem sie allein der Liebe des Herrn vertraut, sie zu bewahren. In der Seelsorge würde ich ihr zu der Entscheidung raten, nichts aus Angst vermeiden zu wollen. Als nächsten Schritt müßte sie bewußt Entscheidungen treffen, vor denen sie Angst hat, eben vom Felsen der Sicherheit abspringen. Vielleicht muß sie die Beziehung zu ihrem Vater wiederherstellen. Ganz sicher muß sie sich geschlechtlich ihrem Mann zuwenden. Eine Hausaufgabe könnte darin bestehen, sich beim Fernsehen an ihn zu kuscheln, statt sich in der Küche zu beschäftigen.

Eine Frau aus meiner Seelsorge fand sich schließlich bereit, beim Fernsehen die Hand auf den Oberschenkel ihres Mannes zu legen. Sie sollte sich dabei vorsagen: „Herr, ich habe entsetzliche Angst, er könnte sofort mehr verlangen. Ich weiß aber, daß ich in dir geliebt und sicher bin, darum will ich meinem Mann dienen, was immer er will und wie sehr ich mich auch fürchte."

Im nächsten Gespräch teilte sie mir mit, die Realität der Liebe Gottes habe sie tief berührt, als sie – selbst auf die Gefahr hin, sich mißbraucht und beschmutzt zu fühlen – vom Fels der Sicherheit und Zurückgezogenheit absprang. Das Seil der Liebe Christi hatte gehalten. Statt vernichtet zu werden, wurde sie heil. Sie fühlte sich nicht mißbraucht, sondern wertgeachtet.

Persönliche Probleme im Geschlechtsakt sind wie gesagt ein Hinweis auf unerfüllte persönliche Bedürfnisse, gehen also zurück auf (1) fehlenden Glauben an die eigene Sicherheit und Bedeutung in Christus; und sind (2) die angstbedingte Weigerung, auszuleben, was man weiß: daß die eigenen Bedürfnisse erfüllt sind. Um hier zu überwinden, muß man genau das tun, wovor man am meisten Angst hat.

Die Lösung für diese persönlichen Probleme, welche die Entwicklung leiblicher Einheit verhindern, liegt natürlich in der Entwicklung geistlicher Einheit: Die eigenen Bedürfnisse Christus anvertrauen und daher bereit sein, das Rechte zu tun, obwohl die Angst unüberwindlich scheint.

Zwischenmenschliche Probleme

Eine zweite Gruppe von Hindernissen auf dem Weg zur leiblichen Einheit liegt in der Beziehung zwischen den Partnern. Obwohl Spannungen zwischen zwei Menschen immer auf die einzelnen Partner zurückgehen, gibt es eine ganze Gruppe von Problemen, die von beiden gemeinsam gelöst werden müssen.

Wo Menschen sich nicht rückhaltlos darauf verlassen, daß der Herr ihre Grundbedürfnisse erfüllt, wenden sie sich gezwungenermaßen an andere. Sie versuchen, sich Menschen und Dinge in einer Weise zunutze zu machen, die sie irgendwie befriedigt. Das Ziel der Manipulation, alles Unbefriedigende so zu verändern, daß es befriedigt, tritt in Aktion. Ehemänner versuchen ihre Frauen zu überreden, abzunehmen, nicht mehr zu nörgeln, sexuell gefügig zu sein und sich ihren Meinungen zu beugen. Ehefrauen tun ihr Bestes, damit die Männer weniger ausgehen, mehr im Haushalt helfen, romantischer sind, mehr Zeit mit den Kindern verbringen und ihre Gefühle offener ausdrücken.

Das Schlüsselproblem bei diesen manipulativen Zielsetzungen (die meist wohlbegründet sind: „Sollte er nicht wirklich öfter zu Hause sein?") besteht darin, daß sie eine Grundregel einer gesunden Lebenshaltung verletzen: *Versuche nie ein Ziel zu erreichen, das nicht in deiner Macht liegt!* Niemand kann das Verhalten des anderen bestimmen. Beeinflussen ja, bestimmen nein.

Nehmen wir an, mein Partner läßt sich nicht manipulieren. Ich kann den Erfolg meiner Bemühungen, den anderen zu verändern, nicht sicherstellen. Oft führt Manipulation sehr wohl zu einer Veränderung des Verhaltens, jedoch genau im entgegengesetzten Sinne wie erwünscht. Was nun?

Wenn ich ein Ziel nicht erreichen kann, empfinde ich entweder Bitterkeit, Angst oder Schuld. Besteht mein Ziel z. B. darin, daß meine Frau bestimmte Entscheidungen von mir anerkennen soll, und sie reagiert verwirrt und ablehnend („Das kannst du doch nicht ernst meinen?"), bin ich verärgert und *verbittert*. Meine Frau hat mein Ziel blockiert.

Nehmen wir an, eine Frau will zärtlich und zuvorkommend behandelt werden. Ihr Mann hatte stets in Gegenwart anderer beißende Bemerkungen über sie gemacht. So oft mehrere Menschen beisammen sind, wartet sie immer nervös darauf, was er sagen wird. Weil es aber unsicher ist, ob sie ihr manipulatives Ziel erreicht, bleibt sie *ängstlich*.

Ein Mann wurde von perfektionistischen Eltern aufgezogen.

Sein Ziel lautet, Frau und Kinder nie zu enttäuschen, denn er glaubt, daß seine Bedeutung davon abhängt, ihnen in allen Dingen ein Vorbild der geistlichen Reife zu sein. Sooft er den Eindruck hat, er hätte seine Familie enttäuscht („Ich weiß, du bist müde, Papa, spielen wir lieber morgen Ball"), wird dieser arme Mensch sich *schuldig* fühlen. Obwohl sein Ziel unerreichbar ist, wird er sich in Selbstvorwürfen ergehen, weil er es nicht geschafft hat.[2]

Störende Empfindugen, wie in diesen drei Beispielen beschrieben, behindern die sexuelle Erregung. Es ist schwer, ärgerlich auf seine Frau zu sein und zugleich Sinnlichkeit aufkommen zu lassen. Und wer in Gegenwart des Partners nervös ist, wird kaum zu jener entspannten Geisteshaltung finden, die zur sexuellen Lustempfindung nötig ist. Auch Schuld verhindert sexuelle Aufwallung.

Man kann mit Fug und Recht behaupten, zwischenmenschliche Probleme, die lustvollen Sex verhindern, könnten auf manipulative Zielsetzungen zurückgeführt werden. Kommunikationsprobleme, zu wenig Zeit füreinander und ein fehlender offener Austausch sind alles Ergebnisse selbstsüchtiger Zielsetzungen. Sie führen zu Verbitterung, Angst und Schuld, welche die Entwicklung jeder leiblichen Einheit verhindern, und versetzen einer Ehe, wie die Bibel sie gemeint hat, den Todesstoß.

Natürlich hat es keinen Sinn, einem verbitterten Ehemann, einer geängstigten Frau oder einem schuldbeladenen Partner zu befehlen, sich anders zu fühlen. Es geht nicht ohne Veränderung der Zielsetzungen. Geben Sie es auf, Ihren Partner zur Befriedigung Ihrer Bedürfnisse manipulieren zu wollen, und versuchen Sie vielmehr, seinen Bedürfnissen zu dienen, dann weichen diese hemmenden Gefühle langsam einem Empfinden der Verbundenheit und Wärme. Warum?

1. Das Ziel des Dienstes kann der Partner nicht blockieren. Darum gibt es keinen Anlaß, *bitter* auf ihn zu sein.

2. Die Erfüllung des Zieles, zu dienen, hängt einzig von der eigenen Bereitschaft ab. *Angst* vor dem Verhalten des Partners findet keinen Platz mehr.

3. Das Ziel, den Partner mit der Liebe Christi zu lieben, ist wenigstens grundsätzlich erreichbar. Obwohl wir alle gelegentlich versagen, haben wir die Möglichkeit, durch Bekenntnis, Vergebung, Buße und Erneuerung wieder auf den richtigen Weg zu kommen und in der Liebe zu wachsen. Es gibt keinen Grund für hartnäckige *Schuldgefühle*.

Um Probleme auf dem Weg zur leiblichen Einheit aus dem Weg

zu räumen, müssen wir die Ziele überprüfen, die wir im alltäglichen Umgang mit dem Partner verfolgen. Falsche Ziele der Manipulation müssen wir bekennen und sie gegen die richtigen Ziele des Dienstes austauschen. Das ist notwendig, um zur seelischen Einheit zu gelangen. Natürlich kann die leibliche Einheit nur auf der Grundlage der geistlichen und seelischen Einheit gedeihen. Wenn Sie also sexuelle Probleme haben, überprüfen Sie zuerst, ob Sie in geistlicher und seelischer Einheit leben.

Sexualtechnische Probleme

Es gibt Paare, die ihre persönlichen Bedürfnisse dem Herrn anvertraut haben und sich dem Dienst aneinander widmen und dennoch keine gute sexuelle Beziehung genießen. Manchmal liegt das Problem ganz einfach daran, daß man die Kunst, zu lieben, nicht versteht.

In manchen Kreisen gewinnt man beinahe den Eindruck, es wäre ungeistlich, die komplexe Funktionsweise der menschlichen Geschlechtlichkeit zu kennen und zu wissen, wie man zu einem romantischen, geübten Sexualpartner werden kann. Aber wer nicht weiß, wie er den anderen sexuell erregen und befriedigen kann, macht dem Schöpfer keine Ehre, denn er selbst hat ja die Geschlechtlichkeit geschaffen.

Überraschend wenige Männer wissen, was eine Frau erregt und befriedigt. Viele haben keine Ahnung, daß die Klitoris und nicht die Scheide jenes Organ ist, durch das die Frau sexuelle Sinnlichkeit empfindet. Sie haben kein Verständnis für ihr Bedürfnis nach herzlichen und zärtlichen Liebkosungen und einem romantischen Vorspiel vor dem eigentlichen Geschlechtsakt.

Andererseits wissen Frauen nichts von der Bedeutung visueller Reize, wie sie beispielsweise durch Kleidung signalisiert werden. Sie wissen nicht, wie abschreckend ihre gelangweilte Zustimmung, mechanische Gefügigkeit oder irritierte Ablehnung wirkt. Viele haben keinen Schimmer von sexualtechnischen Methoden, die dem Mann beispielsweise helfen, den Erguß zu verzögern.

Es gibt zu diesem Thema eine Reihe ausgezeichneter Bücher, die die einzelnen Aspekte der Sexualität eingehend und doch geschmackvoll sowie im Rahmen der biblischen Moralauffassung erklären.[3]

Säkulare Bücher, wie jene von Masters und Johnson oder Helen Singer Kaplan wurden zwar ohne Rücksicht auf biblische Werte geschrieben, enthalten aber wesentliche Einsichten in die Sexualfunktionen und Techniken des Geschlechtsakts und auch Abhilfen für bestimmte sexuelle Probleme. Reifen Christen, die sehr wohl zwischen rechten und falschen Werten zu unterscheiden wissen, können diese Bücher echte Hilfestellung bieten.[4]

Leibliche Einheit, jene sinnliche Lust, die aus der persönlichen Einheit des Geistes und der Seele hervorgeht, gehört zu Gottes Plan für die vollkommene eheliche Einheit. Eine Ehe, die in allen drei Aspekten der Einheit wächst – Geist, Seele und Leib –, ist für beide Partner ein Anschauungsunterricht der ewigen Gemeinschaft Christi mit seiner Braut, der Gemeinde.

Das Ziel der Ehe ist also:

– Geistliche Einheit: die persönlichen Bedürfnisse nach Sicherheit und Bedeutung Christus alleine anvertrauen;

– Seelische Einheit: dem Partner dienen, um sein Bewußtsein des eigenen Wertes in Christus zu fördern;

– Leibliche Einheit: sinnliche Lust als Ausdruck und Ergebnis einer persönlichen Beziehung.

1 William H. Masters und Virginia E. Johnson: *Die sexuelle Reaktion* (Reinbek b. Hamburg: Rowohlt 1978).

2 Wie falsche Ziele zu Verbitterung, Angst und Schuld führen, habe ich genauer in meinem Buch *Die Last des andern* beschrieben.

3 Tim und Beverly LaHaye: *Wie schön ist es mit dir.* Das Intimleben in der Ehe (Wetzlar: Schulte + Gerth 1979); Ed und Gaye Wheat: *Intended for Pleasure* (Old Tappan, N.J.: Fleming H. Revell 1977, rev. Aufl. 1981)

4 Von William H. Masters und Virginia E. Johnson stammen unter anderem *Die sexuelle Reaktion* (Reinbek b. Hamburg: Rowohlt 1978) und *Impotenz und Anorgasmie* (Frankfurt a. Main: Goverts, Krüber, Stahlberg 1973); Helen Singer Kaplan ist Herausgeberin und Autorin von *Handbuch der Ehe-, Familien- und Gruppentherapie* (München: Kindler 1973).

Teil II

Bausteine einer Beziehung

Einleitung

Christliche Ehen sind keine gute Reklame für das Christsein, solange sie nicht besser funktionieren als Ehen, die von säkularen Werten bestimmt und von rein menschlicher Kraft getragen sind. Wenn die Liebe und Kraft Christi in unseren Ehen sichtbar werden soll, müssen wir erkennen, daß wir uns mit nichts Geringerem als dem Fortschritt in der dreifachen Einheit zufrieden geben dürfen: der geistlichen, seelischen und leiblichen Einheit.

Jedes gläubige Paar hat die Chance, eine innigere Beziehung aufzubauen, als sie in der besten Ehe zwischen Ungläubigen je möglich ist. Doch nur wenige Christen gelangen über den Punkt hinaus, an dem sie einander nicht auf die Nerven fallen oder gut miteinander auskommen. Damit wir Gottes Plan für die Ehe besser verstehen lernen, habe ich in Teil I dargestellt, wie ich mir eine biblische Ehe vorstelle.

Wir können uns Teil I als den Bauplan eines Architekten vorstellen, der uns zeigt, wie das vollendete Bauwerk der Ehe aussehen soll. Das Hauptproblem besteht nun darin, wie die Gedanken des Architekten in erfahrbare alltägliche Wirklichkeit umgesetzt werden können. Dieses Problem ist nicht für alle Menschen gleich schwierig. Unüberwindlich ist es jedoch für niemanden.

Der erste Schritt besteht darin, die Skizzen einem Baumeister anzuvertrauen. Der Baumeister studiert die Pläne und klärt genau ab, welche Materialien zur Fertigstellung des Baus erforderlich sind. Das versuche ich in Teil II. Ich beschreibe darin die „Ziegel", die wir auf den Bauplatz unserer Ehe schaffen müssen, um zur dreifachen Einheit zu gelangen.

In meiner Seelsorgepraxis habe ich viele Menschen gebeten, mir so konkret wie möglich zu sagen, was zu einer glücklichen Ehe nötig ist. Die Antworten waren so verschieden wie meine Klienten. Meines Erachtens gelingt es einem erschreckend hohen Prozentsatz aller Ehepaare nicht, wirkliche Einheit zu erreichen. Das liegt nicht am fehlenden Willen der Partner, sondern einfach daran, daß mit den falschen Materialien gearbeitet wird. Der Zimmermann mag kraftvoll und geschickt mit seinem Hammer umgehen, doch ohne gutes Holz und starke Nägel ist seine Arbeit umsonst. So vorbildlich eine Beziehung auch in manchen Bereichen sein mag – Ernsthaftigkeit, ehrliches Bemühen, hohe Ziele, herzliche Gefühle, gemeinsame Überzeugungen, eine gute Kommunikation – ‚ohne die richtigen Grundlagen wird und kann sie dennoch das Ziel der Einheit nicht erreichen.[1]

Was aber sind die Bausteine einer Ehe? Sind sie in ausreichender Menge an Lager? Wie lange beträgt die Lieferzeit? Ist der Preis auch für geistlich weniger Bemittelte erschwinglich? Sind ihnen ausführliche Anleitungen beigegeben, die auch ein Nichtfachmann versteht?

Nach meinem Verständnis der Bibel kann ich darauf die ermutigende Antwort geben: Die erforderlichen Baustoffe sind gering an Zahl, jederzeit lieferbar, in ausreichender Menge an Lager, für jedermann erschwinglich und mit Bauanleitungen versehen, die jeder verstehen kann, der dies wirklich will, und die doch tiefsinnig genug sind, um dem reifen Gläubigen ein nie endendes Betätigungsfeld zu bieten.

Die Bausteine, die zur Errichtung der ehelichen Einheit nötig sind, heißen:

1. Gnade
2. freudiger Gehorsam
3. Annahme.

Die Reihenfolge ist wichtig: Ohne Vertrauen zu Gottes Gnade kein freudiger Gehorsam; ohne Gehorsam, der sich in der Zuwendung zum Partner ausdrückt, keine Annahme. Ein Baustein liegt auf dem anderen.

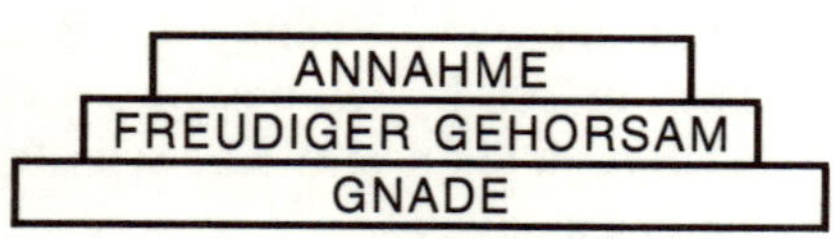

Die nächsten drei Kapitel beschreiben diese Bausteine genauer.

1 Solange wir uns mit einem geringeren Ziel zufrieden geben, als die Bibel es vorsieht (zum Beispiel sich nicht zu streiten oder nett zueinander zu sein), können wir unser Ziel auch ohne diese Bausteine erreichen. Das vorliegende Buch ist jedoch für alle geschrieben, die den vollen Plan Gottes ausschöpfen möchten.

Kapitel 6

Erster Baustein: Gnade

Ein Gemeindediakon saß mir gegenüber und schüttelte verärgert und verzweifelt den Kopf.

„Ich unterrichte seit zwanzig Jahren in der Sonntags-Bibelgruppe. Ich habe selbst Kurse über christliches Familienleben gehalten. Sie können mir kaum einen Bibelvers nennen, den ich nicht kenne. Und ich habe es versucht! Gott weiß es, ich habe mein Bestes gegeben, um ein Ehemann, Vater, Diakon und Geschäftsmann nach Gottes Herzen zu sein. In der Gemeinde und im Geschäftsleben ist das gelungen, ja sogar sehr gut. Aber was ich auch versuche, mit meiner Ehe komme ich nicht zurecht.

Ich bin an dem Punkt angelangt, wo ich zu frustriert, zornig und verletzt bin, um mich weiter anzustrengen. Ich kenne eine andere Frau. Ich weiß schon, daß es Sünde ist. Davon brauchen Sie mir nichts zu erzählen. Aber wenn Sie den Ärger kennen würden, den ich zu Hause habe, könnten Sie vielleicht verstehen, wie sehr ich eine Frau brauche, mit der ich mich einfach unterhalten und bei der ich mich wohlfühlen kann. Wir haben noch nicht miteinander geschlafen, aber Gott allein versteht, wie sehr ich mich danach sehne. Sie ist so anders als meine Frau! Mit meiner Frau komme ich einfach nicht zu Rande, so sehr ich mich auch bemühe. Wir sind seit zweiundzwanzig Jahren verheiratet, und bis jetzt habe ich noch nie eine andere angesehen. Ich möchte dem Herrn gefallen, ich möchte es wirklich. Aber ich schaffe es einfach nicht, meine Ehe in Ordnung zu bringen."

Wenn Sie an meiner Stelle Seelsorger wären, was würden Sie diesem Mann antworten? Auf meine Vorstellungen über Einheit in der Ehe würde ich bestimmt nur ein müdes Lächeln ernten, ein unwilliges Kopfschütteln und den Kommentar: „Klingt ja ganz gut. Schön, wenn es bei Ihnen so klappt. Aber bei mir ist alles verloren. Ich habe es doch versucht!" Lektionen darüber, wie man sich bemühen soll, ein biblischer Ehemann zu werden, ob die Frau sich ändert oder nicht, würden ähnlich aufgenommen werden. Es hatte keinen Sinn, diesen Mann darauf hinzuweisen, daß eine harmonische Ehe ein legitimer Wunsch ist, für den wir beten sollen, während es unser Ziel sein muß, ein guter Ehemann zu werden. Diese Ermahnung hätte nicht die geringste Chance, die Verzweiflung dieses Mannes in Bereitschaft zu echter Zusammenarbeit zu verwandeln.

Wo liegt das Grundproblem? Was ist falsch an der Einstellung dieses Mannes und steht jeder Hoffnung auf Besserung im Wege? Um das zu verstehen, müssen wir hinter seine sündige Reaktion blicken und erkennen, daß sein eigentliches Problem in seiner Weigerung liegt, gewisse Grundwahrheiten zu *glauben*. Rebellischer Unglaube ist der Kern aller Sünde, und rebellische Handlungen sind ihre sichtbare Folge.

Um das Problem dieses Mannes angehen zu können, müssen wir zuerst die Frage erkennen, die er falsch beantwortet. Wie ich die Dinge sehe, läßt sich dieser verzweifelte Ehemann von einer falschen Antwort auf eine gute Frage leiten: „Habe ich nicht Grund genug, diese Ehe als eine Katastrophe zu betrachten, mit Recht verzweifelt zu sein? Hat es überhaupt noch einen Sinn, weitere Bemühungen in ein biblisches Verhalten zu investieren?"

Die Frage ist berechtigt. Doch die Versuchung ist groß, schwierige Fragen einfach zu übergehen oder Standard-Antworten zu geben, die zwar grundsätzlich richtig, aber nicht ausreichend sind. Diesem Mann zu befehlen, seine Frau zu lieben, weil Christus seinen Bedürfnissen genügt und weil dieses Gebot in der Bibel steht, ist zwar ein guter Rat, wird aber nicht ankommen. Das weiß er alles selbst. Bevor dieser Mann an seiner Ehe weiterarbeiten wird, muß er daran glauben, daß dies auch einen Sinn hat.

Ich denke hier an eine gläubige Frau, die mir erzählte, ihr ungläubiger Ehemann hätte seit sechs Jahren kein sexuelles Interesse mehr an ihr gezeigt. Sie fühlte sich nicht nur persönlich abgelehnt, sondern sexuell frustriert. Durch Gebet und Bibellesen hatte sie die Kraft bekommen, ohne ein Abgleiten in Sünde mit ihrer Frustration umzugehen. Aber erneute Bemühungen, ihren Mann herzlich anzunehmen und seine Sinnlichkeit anzusprechen, hatten keinerlei Verlangen in ihm geweckt. Niedergeschlagen fragte sie mich: „Was soll ich mit meinen sexuellen Bedürfnissen tun? Manchmal schreit mein Körper regelrecht nach Befriedigung."

Hinter dem legitimen Problem dieser Frau, der sexuellen Frustration, verbirgt sich ein tieferes Anliegen: „Diese Situation scheint mir völlig untragbar. Meine Frage ist nicht, ob ich masturbieren oder einen anderen Mann suchen soll. Mein Hauptproblem ist, ob ich über dieser Sache nicht verzweifeln muß. Wenn ja, werde ich meine moralischen Überzeugungen aufgeben, um mir Erleichterung zu verschaffen. Wenn nein, bin ich willens, auf biblischem Boden zu bleiben." Dieses Problem müssen wir klären, bevor Ermahnungen zu biblischer Lebensweise überhaupt sinvoll sein können.

Eine andere Frau erzählte mir verbittert, ihr Vater, ein renommierter Pastor, habe sie während ihrer Kindheit und frühen Jugend mehrmals sexuell belästigt. Sie war in die Seelsorge gekommen, weil sie ihrem Mann keinerlei sexuelles Empfinden entgegenbringen konnte. „Ich weiß nicht, ob ich mich meinem Mann jemals hingeben kann. Eigentlich müßte ich das. Ich will mit ihm eins werden in Geist, Seele und Leib, und ich habe gehört, was Sie über den Fels der Sicherheit und den Sprung in den Abgrund der Angst gesagt haben. Und ich habe es versucht! Mein Mann hat mir unendlich viel Geduld entgegengebracht. Aber es hilft alles nichts. Das geht schon sechs Jahre so! Ich glaube nicht, daß ich den Geschlechtsakt jemals genießen kann. Was mein Vater mir angetan hat, hat mich einfach zu tief verletzt."

Diese Frau daran zu erinnern, daß Gottes Liebe all ihre Bedürfnisse ausfüllt, und sie zu ermutigen, sich ihrem Mann unbeirrt sexuell zu nähern, ist verfehlt. Ihre Frage lautet nicht: „Was soll ich tun?", sondern: „Gibt es noch Hoffnung?"

Ein verzweifelter Ehemann, eine frustrierte Frau und das Opfer einer schweren Verfehlung: Sie stellen uns vor schwierige Fragen, denen man nicht gerecht wird mit Antworten wie: „Es wird schon besser werden!" oder: „Wenn Sie nicht ablassen in Ihrem Bemühen, wird Gott Sie segnen." oder: „Hören Sie auf, sich selbst zu bemitleiden, und leben Sie nach Gottes Geboten." Die eigentliche Frage bleibt davon unberührt: „Hat es überhaupt einen Sinn, gehorsam sein zu wollen, oder ist Verzweiflung gerechtfertigt?"

Ich glaube, es hat noch nie eine Ehe zwischen zwei aufrichtigen, selbstkritischen Menschen gegeben, die nicht irgendwann einen Punkt der scheinbaren Ausweglosigkeit erreicht hat. In meiner eigenen Ehe gab es Momente, da die Mauer zwischen meiner Frau und mir zu hoch schien, um überwunden zu werden, und zu massiv, um sie niederzureißen. Es fiel uns schwer, neue Hoffnung zu schöpfen und in dem Vertrauen zu leben, daß die Hindernisse auf dem Weg zur Einheit schließlich weichen würden.

Was können Eheleute tun, die sich diesen verzweifelten Fragen gegenübersehen? Ein Student, der nicht daran glaubt, eine bestimmte Prüfung bestehen zu können, wird von einem Seminar über Studientechnik nicht profitieren. Wir bringen es nicht fertig, an biblischen Prinzipien festzuhalten, solange wir nicht davon überzeugt sind, daß dies zu etwas Positivem führt. Um die ehelichen Pflichten als großartige Gelegenheiten statt als sinnlose Plakkerei sehen zu können, müssen wir von der Verzweiflung zur Hoffnung durchdringen. Dazu brauchen wir ausreichende Antworten auch in schwierigen Fragen.

In einer Welt, in der *jede* Beziehung durch die Entstellung der Sünde gefährdet ist, brauchen wir nichts dringender als das Wissen um die Gnade Gottes, die Grundlage unserer Hoffnung. Um als Christen leben zu können, müssen wir voll und ganz vom Wissen durchdrungen sein, daß es immer Sinn hat, gehorsam zu leben, was auch kommen mag. Viele unglückliche Eheleute nehmen freilich Verheißungen in Anspruch, die Gott uns nie gegeben hat. Sie glauben, wenn sie ihr Bestes geben würden, müßte Gott ihre Ehepartner zu liebevollen Christen umgestalten. Doch unser Lebensinhalt besteht niemals in der Garantie, „Es wird schon besser werden“ oder: „Gott wird Ihren Mann bekehren und ihm helfen, das Trinken aufzugeben“. Die Hoffnung des Christen reicht weit über die Veränderung eines anderen Menschen hinaus. Die Hoffnung des Christen ist unlösbar mit der Gnade Gottes verquickt.

Es wäre nun ein Leichtes, Verse aus dem Hebräerbrief zu zitieren (vor allem 6,18–19) und eindringlich über die sichere Hoffnung in Christus zu sprechen, in der unsere Seele ankern soll. Wenn jedoch auch Sie in chronischer Verzweiflung versunken sind, die zu einer gleichgültigen „Na und“-Haltung geführt hat, dann überdenken Sie bitte betend, was Sie nun lesen werden. Vielleicht gewinnen Sie eine neue Sicht der Hoffnung, die sich auf Gottes erstaunliche Gnade gründet und damit den ersten Baustein der ehelichen Einheit darstellt.

Bedenken Sie aber, der Herr hat uns nicht verheißen, unsere Ehe zu reparieren. Die Hoffnung des Christen liegt nicht darin, den Ehepartner zu ändern, gesünder zu werden oder finanziell besser dazustehen. Gott hat uns nicht verheißen, unsere Welt nach unserem Wunsch zu verändern. Aber er hat sich verpflichtet, nur jene Ereignisse zuzulassen, die seinen Plan in unserem Leben zur Realisierung bringen. Unsere Verantwortung besteht darin, auf gottgefällige Art und Weise auf die Ereignisse unseres Lebens zu antworten, nicht jedoch darin, unseren Partner nach eigenen Vorstellungen umzukrempeln. Selbst wo wir uns biblisch verhalten, haben wir keine Garantie, daß unser Partner ebenso reagieren wird. Sollte er die Scheidung einreichen, weiter trinken oder noch mehr nörgeln, gibt es immer noch Grund, im Gehorsam voranzugehen.

Natürlich aber besteht die Möglichkeit, daß sogar die schlechteste Ehe wieder gut wird, wenn *beide* Partner auf das Fundament der Hoffnung setzen und sich ernsthaft bemühen, biblisch zu leben. In jedem Fall gibt es Grund zur Hoffnung. Diese Hoffnung gründet sich auf die Wahrheit von der Gnade Gottes.

Die Gegenwart Gottes

Eine auffällige Redewendung finden wir in Matthäus 26,65. Der Herr Jesus mußte sich vor dem Hohenpriester Israels vor Gericht veantworten. Dieser hatte eine klare Aussage verlangt, ob Jesus der Sohn Gottes sei. Als der Herr seine Göttlichkeit bekräftigte, reagierte der Hohepriester Kaiphas, indem er *seine Kleider zerriß*. Warum? Was bedeutete diese Handlung?

In der Schrift lesen wir von zahlreichen Vorfällen, bei denen Menschen ihre Kleider zerrissen. Josua und Kaleb zerrissen ihre Kleider, als die Israeliten nicht glauben wollten, daß Gott den Sieg in Kanaan schenken könne (4. Mose 14,6). Jephtha zerriß seine Kleider, als seine Tochter ihm nach seiner Rückkehr aus der Schlacht als erste entgegenlief, denn er hatte den voreiligen Eid geschworen, dem Herrn zu opfern, was ihm als erstes entgegenkommen würde (Richter 11). Barnabas und Paulus zerrissen ihre Kleider, als die Menschen in Lystra auf ein Wunder dadurch reagierten, daß sie die beiden als Götter verehren wollten (Apg. 14,11–14).

Es gäbe noch weitere Beispiele. Aber diese genügen, um den wesentlichen Punkt zu verdeutlichen. Das Zerreißen der Kleider diente als Ausdruck der Sorge und Verzweiflung. Der Unglaube der Israeliten zu Kadesch-Barnea, die persönliche Tragödie, die eigene Tochter opfern zu müssen, und die falsche Menschenverehrung waren für Josua, Jephtha und Paulus schlimm genug, um ihre Kleider zu zerreißen.

Interessanterweise befahl Gott jedoch einer Menschengruppe, in notvollen Umständen niemals ihre Kleider zu zerreißen. Das mosaische Gesetz enthält die unmißverständliche Anweisung an die Priester Gottes, daß sie ihre Kleider allenfalls bei Gotteslästеrung zerreißen durften. Die Priesterkleider waren nach dem Befehl Gottes so genäht, daß sie sich nur schwer zerreißen ließen (2. Mose 28,32; 39,23; 3. Mose 21,10). Nur eines konnte Kaiphas dazu bringen, beim Verhör Jesu seine Kleider zu zerreißen, und das war nicht persönliche Trauer wegen schwieriger Umstände.

Als der Herr die Sünde zweier Söhne Aarons strafte, indem er beide auf der Stelle tötete, erließ Mose den Befehl an Aaron und die Priester: „Ihr sollt ... eure Kleider nicht zerreißen, daß ihr nicht sterbet“ (3. Mose 10,6). Für einen Nichtpriester wäre es beim plötzlichen Tod zweier eigener Kinder das Selbstverständlichste gewesen, seine Kleider zu zerreißen. Für Aaron aber, einen Priester Gottes, wäre dies Sünde gewesen. Warum? Warum konnte König Josia seine Kleider zerreißen und dadurch Gott bewegen, reichen Segen auszuschütten (2. Chronik 34,27–28)? Warum wäre Aaron hingegen getötet worden, wenn er seine Kleider zerrissen hätte? Wieso durften Könige und andere führende Männer ihre Kleider straflos zerreißen (und wurden oft noch gesegnet), während Priester dies nicht tun durften?

Die Antwort liegt in einem Vorrecht, das nur Priester genossen. Im Alten Testament hatten nur die Priester Zutritt zum Allerheiligsten der Stiftshütte und des Tempels. Einmal im Jahr durfte der Hohepriester in diesen Raum und damit in die Gegenwart Jahwes treten. Nur der Hohepriester wußte, was es bedeutete, in der Gegenwart Gottes zu stehen. Nur er konnte das Blut des Opferlammes an den Gnadenthron sprengen, um das gerechte Gericht des heiligen Gottes abzuwenden. Nur er konnte diese Nähe des Herrn erleben, ohne zu sterben.

Betrachten wir dieses Vorrecht der Gegenwart Gottes im Zusammenhang mit dem Verbot an die Priester, die Kleider zu zerreißen. Das Zerreißen der Kleider bedeutete damals tiefe Verzweiflung über eine persönliche Katastrophe. Damit wird klar: Jemand, der in die unmittelbare Gegenwart Gottes treten kann, darf niemals verzweifeln.

Wir können diese Wahrheit auch anders ausdrücken: Wer um Gottes Gegenwart in seinem Leben weiß, kann durch nichts zur Verzweiflung gebracht werden. Hätte ein Priester aus persönlicher Trauer seine Kleider zerrissen, so hätte dies bedeutet, daß es im Leben Probleme gibt, die Gott nicht lösen kann. Und das ist einfach nicht wahr. Der Gott der Liebe, der Gott der Ewigkeit, der unendliche persönliche Gott, der zugleich im Herzen seiner Kinder wohnt und allmächtig über die Geschicke der Menschen regiert, kann jede Situation meistern. Nichts trifft ihn unvorbereitet. Seine Kraft ist jedem Problem gewachsen. Es gibt kein denkbares Ereignis, in dem seine Gnade nicht genügen würde. Wer immer sich direkt an diesen Gott wenden kann, darf nicht verzweifeln. Das würde nämlich bedeuten, daß Gott unfähig ist, in unseren Umständen zu unserem ewigen Besten zu wirken.

Eine der bemerkenswertesten Wahrheiten, die uns im Neuen Testament offenbart werden, lautet: Jedes Mitglied am Leib Christi ist zugleich Priester Gottes (1. Petrus 2,5). Wir werden dazu ermutigt, mit Zuversicht vor den Thron Gottes zu treten, in der völligen Gewißheit, daß er unsere Probleme versteht, in unseren Kämpfen mitleidet und durch unsere Umstände zu seiner Ehre und unserem Segen wirkt. Weil Sie und ich als Erlöste, als Heilige Gottes, das Vorrecht von Priestern genießen, dürfen wir unsere Kleider nicht zerreißen. Keine Situation ist schlimm genug, um Verzweiflung zu rechtfertigen.

Sobald ein Ereignis in unserem Leben uns in die finstere Nacht der Verzweiflung zu stürzen droht, sind wir aufgerufen, unser priesterliches Recht auszuüben und vor den Gnadenthron Gottes zu treten. Wir haben die Wahl, unsere Kleider in Verzweiflung zu zerreißen und es zu unserem vorrangigen Ziel zu machen, den Schmerz zu lindern, oder in völliger Abhängigkeit von der Gnade Gottes zu leben, indem wir unseren Vorsatz, für den Herrn zu leben, unter keinen Umständen aufgeben.

Eine erstaunliche Gnade! Wir hätten es verdient, für jede Sünde zur Rechenschaft gezogen zu werden, die wir je begangen haben, und alles Schöne zu verlieren, das wir je hatten. Statt dessen versieht der ewige Hohepriester Gottes uns mit seiner Kraft, vertritt uns vor dem göttlichen Richter, und wir werden freigesprochen. Nicht nur werden wir für gerecht erklärt, wir erhalten zugleich die ewige Fürsorge und den allmächtigen Schutz des göttlichen Richters zugesprochen. Der heilige Weltenrichter steigt von seinem Richterstuhl herab, um uns als unser liebender Vater zu begegnen.

Jetzt können wir die Frage am Beginn dieses Kapitels beantworten: Was sollen wir als Eheleute tun, wenn die Beziehung einen Punkt erreicht hat, wo jede Hoffnung auf Besserung dahin ist? Sollen wir *unsere Kleider zerreißen*, indem wir uns dem Martyrium in Gestalt des Ehepartners unterwerfen, „bis daß der Tod uns scheide“? Sollen wir *unsere Gewänder zerfetzen*, indem wir einer zerbrochenen Ehebeziehung durch Scheidung entfliehen? Sollen wir *unsere Garderobe zerstückeln*, indem wir nach einem anderen Partner Ausschau halten, der uns mehr Erfüllung bietet?

Oder sollen wir diese Möglichkeiten als eines Priesters Gottes unwürdig ablehnen? Unter dem Schutz des allmächtigen Hirten gibt es niemals Grund zum Verzweifeln. Schmerz ja, Verletzung ja, Trauer ja, aber Verzweiflung niemals. Unser Partner mag seine Pflichten vernachlässigen, die zu einer glücklichen, erfüllenden Beziehung notwendig sind. Solange wir jedoch Gott treu bleiben und unser Herz vor ihm ausschütten und uns immer wieder vornehmen, ihn zu suchen und ihm zu vertrauen, daß er unser Handeln führt, wird er uns durch alle Versuchungen geleiten und uns seine reiche Gemeinschaft zuteil werden lassen. Es hat einen Sinn weiterzumachen, es gibt Hoffnung, Gottes Gnade genügt.

Vielleicht wird Ihr Partner Sie auf dem Weg zur Einheit nicht begleiten. Dennoch können Sie Ihren Vorsatz wahrmachen, in erster Linie Gott zu gehorchen und dem Partner bei jeder erdenklichen Gelegenheit zu dienen. *Vielleicht* wird das zu einer besseren Ehe führen (*wahrscheinlich* sogar). *Sicher* aber werden Sie dadurch einen neuen Stand der geistlichen Reife und der Gemeinschaft mit Christus erfahren. Und das ist Grund genug, die Kleider nicht zu zerreißen.

Zu guter Letzt gilt: In unserem Streben nach ehelicher Einheit dürfen wir uns durch kein Versagen, keine Enttäuschung und keine Tragödie das Vertrauen zu Gott rauben lassen, der unsere Ehe heilen kann und unsere Reife fördern wird. Keine Situation ist verzweifelt genug, um das Vertrauen in Gottes Gnade wegzuwerfen. Wer eine gottgefällige Ehe aufbauen will, muß mit der völligen Gewißheit beginnen, daß es sehr wohl Sinn hat, für Gott zu leben. Diese Gewißheit ruht voll und ganz auf dem ersten Baustein der Ehe: Gottes Gnade genügt.

Kapitel 7

Zweiter Baustein: Freudiger Gehorsam

Der zweite Baustein einer erfolgreichen Ehe fügt sich nahtlos an den ersten. Sobald unser Vertrauen zu Gottes Gnade groß genug ist, um Hoffnung zu bewahren, selbst wo Verzweiflung gerechtfertigt scheint, können wir allen Geboten Gottes freudig gehorchen. Wir können unsere Hoffnung ausleben, indem wir weiter an unserer Ehe arbeiten, wie stark die Versuchung aufzugeben auch sein mag.

Wenn wir fest daran glauben, daß der Herr in allen Umständen zu unserem Besten wirkt, kann selbst die schwerste Durststrecke im Eheleben uns nicht dazu bringen, ernsthaft an Scheidung oder den Rückzug in Gleichgültigkeit zu denken.[1] Solange wir Gott die Macht zutrauen, die er für sich in Anspruch nimmt, werden wir auf dem Pfad des Gehorsams immer seinen Plan erfüllen. Die Hoffnung (oder besser die Gewißheit), daß Gott selbst in der schwierigsten Ehe seinen Plan zur Erfüllung bringt, muß sich fest auf unser Bewußtsein seiner allmächtigen Gnade gründen. So liegt der zweite Baustein auf dem ersten.

Ferner wissen wir, daß sein Wirken in allen Lebensumständen immer zu unserem Besten dient. Darum können wir aus tiefstem Herzen seinen Willen erfüllen *wollen*, wirklich *wollen*. Für den Christen, der um die Wirklichkeit der Güte Gottes weiß, ist Gehorsam keine erzwungene Handlung, sondern eine freiwillige, wenn auch oft schmerzhafte Mitarbeit an einem guten Plan. Unter dem Strich wird die *Entscheidung* zum Gehorsam immer zum *Verlangen* nach Gehorsam führen. Das ist Baustein 2: ein tiefes Verlangen, Gott durch die Einhaltung des Ehebundes zu gehorchen – ein Verlangen, das sich wie von selbst aus dem Wissen um Gottes Güte ergibt.

Oft aber stellt sich der Gehorsam gegen biblische Gebote als unangenehme, ja sogar abstoßende Pflicht dar, vor allem in der

Ehe. Wer mit einer Frau verheiratet ist, die unablässig nörgelt, jede Zuneigung verweigert oder alle Verstöße gegen die gesellschaftliche Etikette unbarmherzig anprangert, ruht auf dem biblischen Gebot eher wie auf einem Nagelbrett als wie auf einem sanften Kissen. Eine Frau, deren Mann seine Selbstsucht und Unverschämtheit als biblische Führerschaft ausgibt, empfindet ihre Unterordnung als Identitätsverlust, als entwürdigende Sklaverei.

Wenn uns Gottes Befehle nicht verlockender erscheinen als die brutalen Forderungen eines achtlosen Tyrannen, sollten wir wirklich aufhorchen. Warum reagieren wir auf biblische Unterweisung so oft mit dem widerwilligen Gehorsam eines Soldaten, der auf Geheiß seines Vorgesetzten aus dem Bett springt und fünfzig Liegestütze macht? Warum können wir uns in der Nachfolge Christi nicht aus tiefstem Herzen darauf freuen, was der Herr mit uns vorhat, selbst wo der Pfad steil und steinig ist?

Vielleicht haben wir seine Anweisungen, unsere Frauen zu lieben und uns unseren Männern unterzuordnen, gar nicht richtig verstanden und versuchen Dinge zu tun, die er nie befohlen hat. Oder das Problem liegt an unserer sündenbefleckten Natur, die alles Gute böse heißt und alles Böse gut.

Was auch immer hinter unserer bedauerlichen Einstellung zum Gehorsam stehen mag, eines ist sicher: Wenn wir unsere Pflichten als Eheleute nur widerwillig und gezwungen erfüllen, können wir es genausogut ganz sein lassen. Stellen wir uns vor, jemand reagiert auf die Einladung, in die Mission zu gehen, mit den Worten: „Schon gut, schon gut. Sie haben mich überzeugt. Ich fühle mich schuldig. Ich habe genug von den Geschichten über verhungernde Eingeborene und verlorene Heiden. Ich gehe, wenn es denn sein muß. Wo kann ich mich anmelden?“ Was für ein herrlicher Missionar!

Ungezählte Eheleute aber reagieren in bezug auf ihre ehelichen Pflichten mit genau dieser Einstellung. Als Partner sind sie unausstehlich. Baustein 2 bedeutet nicht, Gottes Willen aus bloßem Pflichtbewußtsein gehorsam zu sein. Freilich, wir stehen unter Gottes Befehl, und wir haben keine andere Wahl, als ihm zu gehorchen. Das ist unsere Pflicht. Aber Gehorsam ist viel mehr als eine Pflicht, er ist ein Vorrecht, eine Gelegenheit, tiefere Freude zu erfahren, als wir sie sonst je erleben könnten.

Warum erscheint uns der Befehl, unsere Frauen zu lieben und uns unseren Männern unterzuordnen, oft wie die Anweisung an ein Kind, mit dem Spielen aufzuhören und die Mathematik-Aufgaben zu machen? In diesem Kapitel versuche ich die Frage zu beantworten, wie wir ein echtes Verlangen entwickeln können, unsere Pflichten in der Ehe zu erfüllen, selbst wo wir es mit einem unausstehlichen Partner zu tun haben.

Ich habe meine Gedanken in drei Gruppen geordnet:

Punkt 1: Als Grundlage für einen bleibenden, unerschütterlichen und freudigen Gehorsam gegen alle Gebote Gottes ist unbedingter Glaube an die Güte Gottes erforderlich.

Punkt 2: Gehorsam aufgrund des Wissens um die Güte Gottes erscheint uns dann als Streben nach den tiefsten eigenen Wünschen und nicht länger als die Erfüllung einer lästigen Pflicht.

Punkt 3: Freudlosigkeit in der Erfüllung der Ehepflicht ist nicht die Schuld des Partners, wie abstoßend dieser auch sein mag; jede Freudlosigkeit im Gehorsam ist auf den ungenügenden Glauben an Gottes Güte zurückzuführen.

Punkt 1: Die Grundlage für freudigen Gehorsam ist die Güte Gottes.

Christliche Eheberater definieren Liebe meist als eine Form des Handelns und Entscheidens, nicht als ein Gefühl. Wir wissen um Gottes Liebe, weil er etwas *getan* hat, nicht weil er etwas *fühlte*. Oft werden wir deshalb aufgerufen, den Partner zu lieben, ob wir uns danach fühlen oder nicht. Wer darunter leidet, den Ehepartner nicht mehr lieben zu können, wird dazu aufgefordert, Taten der Liebe zu setzen. Dann würden die Gefühle schon nachkommen.

Die korrekte Annahme hinter dieser Denkweise ist, daß die Wahrheit des Wortes Gottes die Grundlage für unser Handeln sein soll. Wir dürfen uns nicht von schwankenden Gefühlen leiten lassen, sondern von der biblischen Unterweisung, ob die Gefühle ihr beipflichten oder nicht.

Gott hat in seinem *Tun* mit unmißverständlicher Klarheit seine Liebe bewiesen, doch zweifellos war sein Handeln von liebevollen Gefühlen begleitet. Er hat nicht nur etwas für mich *getan*, er hat auch etwas für mich *gefühlt*. Im Propheten Hosea spricht Gott davon, wie die Rebellion und Untreue seines Volkes ihm das Herz brachen, wobei Israel immer wieder voll Zärtlichkeit als seine Frau bezeichnet wird. Die Liebe Gottes beinhaltet nicht nur Taten, sondern sehr wohl Gefühle. So soll auch unsere Liebe zum Partner mehr als leblose, mechanische Handlungen umfassen, unser Fühlen muß mitspielen. Wie kann das geschehen?

Nach der gängigen Argumentation entstehen liebevolle Gefühle aus liebevollem Verhalten: Wenn wir lange genug aktive Liebe an jemandem üben, würden wir diesen Menschen schließlich zu lieben beginnen. Diese Gedankenführung hat jedoch eine entscheidende Schwäche. Sie läßt das Kernproblem ungelöst, daß nämlich viele Eheleute sich gar nicht liebevoll zum Partner verhalten *wollen*. Ein Pastor oder Seelsorger mag jemanden dazu überreden zu tun, was er tun sollte, und dennoch wird sich die Ehe dadurch nicht bessern.

Hier begegnen wir einem echten Dilemma. Wir müssen unseren Partner lieben *wollen*, wir müssen ein subjektives Verlangen danach empfinden, ihm mit Liebe zu begegnen, doch dieses Verlangen kann nicht aus *Taten* der Liebe entstehen. Was nun? Wir sehen uns vor der Wahl zwischen Liebe ohne Gefühl oder Lieblosigkeit aufgrund unserer Gefühle. Vielleicht sollten wir vom Heiligen Geist erwarten, daß er unser Herz in Brand setzt? Was soll ein Mann oder eine Frau tun, die keine Liebe verspüren?

Horchen wir ein wenig in eine typische Seelsorgesituation hinein:

Ehemann:	„Ich kann diese Frau nicht mehr lieben.“
Seelsorger:	„Wenn Liebe die Bereitschaft ist, einem Menschen selbstlos zu dienen, dann können Sie Ihre Frau lieben. Sie können nett zu ihr sein, ihr Zuneigung bekunden, ihr Aufmerksamkeit schenken.“
Ehemann:	„Aber das wäre alles so leer. Natürlich kann ich das tun, aber es wäre so unehrlich, heuchlerisch, gar nicht echt. Ich fühle nichts mehr für sie.“
Seelsorger:	„Das heißt, Sie *können* sie zwar lieben, weil Sie sich aber nicht danach fühlen, *wollen* Sie es nicht. Ist das richtig?“
Ehemann:	„Sehen Sie, das ist doch alles sinnlos. Ich will diese Frau einfach nicht mehr lieben. Wissen Sie, was sie erst vorige Woche getan hat? Sie ...“

Beachten Sie die Annahme, die dem Denken dieses Mannes zugrunde liegt. Sein *Verlangen*, den Verpflichtungen in der Ehe zu genügen, hängt vor allem von den Einstellungen und Handlungen seiner Frau ab. Anders gesagt: „Wenn meine Frau nett zu mir ist, habe ich das Verlangen, ebenfalls nett zu ihr zu sein. Wenn sie es jedoch nicht ist, bringe ich es auch nicht fertig. Ich kann so tun als ob. Ich will aber nicht wirklich, was ich tun muß. Ich kann mich höchstens widerwillig bereitfinden, Gott zu gehorchen, und weiter das dunkle Tal meiner Ehe durchschreiten. Ich glaube schon, tun zu können, was Gott befiehlt. Aber erwarten Sie nicht von mir, liebevoll und nett sein zu *wollen*. Man kann nicht jemanden lieben wollen, der einen so behandelt wie meine Frau."

Erhält dieser Ehemann den Auftrag, „Taten der Liebe" seiner Frau gegenüber zu setzen, obwohl er nichts als Gleichgültigkeit und Kälte empfindet, ist seiner Ehe nicht gedient. Da muß viel mehr geschehen. Damit die Beziehung wirklich die Einheit zwischen Christus und seiner Gemeinde widerspiegelt, müssen beide Partner das tiefe Verlangen empfinden, dem anderen liebevoll zu dienen. Wie aber kann ich dieses Verlangen wachrütteln, wo es nicht vorhanden ist und wo der Partner weiterhin Wasser auf den erkalteten Altar der Liebe schüttet?

Liegt die Lösung darin, „richtig zu handeln, bis ich richtig fühle"? Ich möchte dieses Problem durch ein Beispiel verdeutlichen.

In der zweiten Klasse fiel mir eine Schulbank, die ich gerade wegrücken wollte, auf den großen Zeh. Der Nagel wurde zerquetscht, das Blut spritzte, und ich heulte. Nach wenigen Minuten, die mir wie Stunden vorkamen, lag ich auf dem Behandlungstisch, während unser Hausarzt und meine Mutter daneben standen. Der Arzt, von jenem derben Schlag, der auf Schreckensschreie durch nachdenkliches Kinnreiben reagiert, untersuchte den Zeh und holte eine Nadel hervor. Als ich sein Vorhaben erkannte, mit der Nadel in meinen schmerzenden Zeh stechen zu wollen, geriet ich in Panik. Ich spürte kein Verlangen danach, mit der Nadel gestochen zu werden.

Hilflos blickte ich zu meiner Mutter empor – und sie lächelte. Es war kein glückliches Lächeln, sondern ein ermutigendes: „Sei tapfer." Nun, eine Frau, die in einer solchen Situation lächeln kann, ist entweder herzlos und sadistisch oder eine liebevolle Mutter, die ihrem Sohn klarmachen will, daß der Schrecken des Augenblicks irgendwie Teil eines guten Planes ist. Ich kannte meine Mutter, ich hatte seit sieben Jahren mit ihr zusammengelebt und sah Grund genug zu glauben, daß sie für mich statt gegen mich war.

Im Lichte dieser Tatsachen erzeugte ihr ruhiges Lächeln in mir das *Verlangen*, eine schwierige und schmerzhafte Handlung zu vollziehen, nämlich stillzuliegen. Von den wohlwollenden Absichten des Arztes war ich nicht so ganz überzeugt, er kam mir immer noch wie ein gefährlicher Menschenschlächter vor. Aber zur Güte meiner Mutter hatte ich völliges Vertrauen. Diesem Vertrauen entsprang die echte Bereitschaft, mich jeder Behandlung zu unterziehen, die sie guthieß. Ihre Güte garantierte mir ein zufriedenstellendes Ergebnis. Mein *Verlangen*, etwas Unangenehmes geschehen zu lassen, hing gänzlich von meinem Wissen über die Person ab, in deren Willen diese Behandlung stand.

Für viele Eheleute ist das Eheleben (manchmal aus gutem Grund) nicht angenehmer, als sich täglich eine lange Nadel in einen verletzten großen Zeh stoßen zu lassen. Wozu das alles aushalten? Warum nicht aufstehen und weggehen? Flucht vor weiterem Schmerz erscheint sehr sinnvoll, solange man unmittelbare Erleichterung sucht. Wer stechenden Schmerz verspürt, hat von Natur aus ein einziges Verlangen: den Schmerz zu lindern. Was immer Linderung schenkt, wird als wünschenswert betrachtet. Was den Schmerz verschlimmert, wird abgelehnt. Wer vor Qual schier zusammenbricht, sehnt sich aus tiefster Seele nach Erleichterung, und das ist gut so. Meinen Kopf gegen die Wand zu schlagen, wo ich bereits an Kopfschmerzen leide, wäre ein Zeichen für Geisteskrankheit, nicht für edle Leidensbereitschaft.

Dennoch scheint Gott diesem vernünftigen Denken entgegenzuwirken, indem er von Männern und Frauen verlangt, Pflichten auf sich zu nehmen, die nur noch größeren Schmerz herbeiführen.

Fehlt uns das tiefe Vertrauen zur Güte eines Gottes, der von seinen Kindern nichts verlangt, ohne ihr Wohl im Auge zu haben, können wir absolut kein Verlangen danach empfinden, unsere Pflichten in der Ehe zu erfüllen. Das ist auch gut so. Es hat keinen Sinn, den Anweisungen eines Führers zu folgen, dessen Motiven ich nicht traue.

Unsere Weigerung, Gott zu gehorchen, beweist einen Mangel an Vertrauen zu seiner Güte. Wir sind nicht sicher, ob er uns bloß gebraucht oder uns segnen will. Das Problem bei wankelhaftem Gehorsam ist grundsätzlich kein Willensproblem, sondern Kleinglaube. Wir glauben nicht an die Güte des Gottes, der uns befiehlt, der Ehe treu zu bleiben. Wüßten wir von seiner Güte, wäre es uns ein tiefes Bedürfnis, ihm zu gehorchen, so wie ich auf die Ermutigung durch meine Mutter reagierte, indem ich dem Arzt stillhielt.

Gegen mangelnden Gehorsam hilft folglich *erneuerter Glaube*, nicht *erneutes Bemühen*. Alle Aufrufe, „Ihre Frau zu lieben und sich Ihrem Mann unterzuordnen, ob Sie sich danach fühlen oder nicht“, gehen dem eigentlichen Problem nicht auf den Grund. Solange mein Gehorsam nicht auf der Güte Gottes fußt, vermögen solche Mahnungen bestenfalls das Unkraut des Zorns und Zwiespalts einzudämmen. Sie können das verborgene, weitverzweigte Wurzelwerk jedoch nicht ausrotten, dessen Auswuchs die häßliche Blüte gebrochener Versprechen ist. Es ist wichtig und richtig, zum Gehorsam zu rufen, doch wenn dieser Aufruf freudig befolgt werden soll, muß er in den Rahmen der Güte Gottes gestellt werden.

Die Frau eines Alkoholikers oder eines arbeitsbesessenen Geschäftsmanns; der Ehemann einer eiskalten Bettpartnerin oder eines keifenden Hausdrachens – sie alle werden wenig von einer Lektion über Gehorsam haben, sehr viel aber von einem tieferen Vertrauen zur Güte Gottes. Beides geht Hand in Hand: Gehorsam gegen Gottes Befehle vertieft unser Vertrauen zu seiner Güte. Unser Wissen um seine guten Absichten motiviert uns zu weiterem Gehorsam. Gehorsam ohne Vertrauen hingegen führt zu einem freudlosen, widerstrebenden Handeln aus Pflicht. Ein Wissen um Gottes Güte, das nicht in Gehorsam mündet, ist seicht und leblos, reines Kopfwissen.

Es hat einen Sinn, den Pflichten in der Ehe treu zu bleiben, weil uns dies von einem guten Gott befohlen ist, der unser Bestes will. Er führt uns auf den Weg zu unüberbietbarer Freude für uns und höchster Ehre für ihn. Das Vertrauen zu seinem Wesen erzeugt von selbst ein Verlangen, ihm zu folgen.

Punkt 2: Wer Gott gehorcht, weil er vollstes Vertrauen zu seiner Güte hat, empfindet diesen Gehorsam als das Streben nach den tiefsten eigenen Bedürfnissen, nicht als lästige Pflicht.

Ein Verhungernder, dem der Befehl erteilt wird, seinen Nachbarn mit Nahrung zu versorgen, wird wohl nicht allzu begierig gehorchen. Wo immer er etwas zum Essen findet, will er es zuallererst selbst verzehren. Es ist nicht leicht, etwas wegzugeben, wonach man sich selbst sehnt. Es weggeben zu *wollen*, erscheint lächerlich und unmöglich.

In der Ehe haben wir manchmal das Gefühl, wir müßten alle Hoffnung auf persönliches Glück aufgeben, um den Partner glücklich zu machen. Ein Ehemann erzählte mir neulich in Gegenwart seiner weinenden Frau: „Sie will natürlich, daß ich die Scheidungsklage zurücknehme, aber mit ihr kann ich einfach nicht glücklich werden. Sie können von mir nicht verlangen, meine eigene Erfüllung aufzugeben, damit meiner Frau die Scheidung erspart bleibt. Tut mir leid, aber wenn ich zwischen meinem Glück und ihrem wählen muß, bin ich einfach nicht bereit, den Märtyrer zu spielen."

Ich frage mich, wie viele von uns vielleicht unbewußt Gottes Anweisungen für die Ehe ähnlich betrachten. Sobald wir das Glück des Partners über unser eigenes stellen, kommen wir uns irgendwie betrogen vor. Doch bedenken wir, mit dieser Einstellung bleiben wir unserer Ehe nur treu, solange sie „sich auszahlt". Solange wir bekommen, was wir wollen, wenn wir uns dem Partner hingeben, halten wir unser Versprechen gerne ein, sobald wir uns aber zwischen dem eigenen Glück und dem des Partners entscheiden müssen, empfinden wir unseren Ehebund wie ein Gefängnis, das uns den Weg zu Freiheit und Freude versperrt. Entscheiden wir uns dennoch, der Ehe treu zu bleiben, dann mit dem Gefühl, „unsere Zeit abzusitzen".

Hier ein weiteres typisches Seelsorgegespräch:

Seelsorger: „Können Sie die einzigartigen Gelegenheiten erkennen, die Sie in der Ehe haben, um den Bedürfnissen Ihres Mannes zu dienen?"

Ehefrau: „Ja, ich weiß schon, was Sie meinen. Ich sollte versuchen, ihm zu helfen, damit er mehr Selbstachtung gewinnt. Das versuche ich schon seit Jahren. Es hat nicht viel geholfen, aber ich möchte wirklich nicht aufgeben."

Seelsorger: „Warum?"

Ehefrau: „Warum was?"

Seelsorger: „Warum wollen Sie weiter versuchen, ihm zu dienen?"

Ehefrau: „Es ist doch das einzig Richtige."

Seelsorger: „Sie wollen also nicht aufgeben, weil Sie das für Ihre Pflicht halten. Soweit ich sehe, sind Sie aber nicht mit ganzem Herzen dabei. Eigentlich wollen Sie nicht tun, was Sie tun sollten."

Ehefrau: „Da haben Sie schon recht."

Seelsorger: „Dann hat es aber wenig Sinn, so weiterzumachen."

Hier fragt sich die verwirrte Ehefrau, ob ich als Seelsorger ihr zu Scheidung oder Trennung rate. Darum geht es mir natürlich nicht. Sie soll sich ihrem Mann unterordnen und ihr Bestes geben, um ihm zu dienen. Aber solange sie nicht im tiefsten Herzen das Verlangen hegt, eine gute Ehefrau zu sein, gleichen ihre Bemühungen dem Herunterleiern eines auswendig gelernten Textes. Und so wird man nicht zu einer guten Ehefrau.

Fragen wir uns deshalb, was eine Frau dazu bewegen könnte, ihrem zornigen, kalten, widerwärtigen Mann dienen zu *wollen*? Wie gesagt, jede erzwungene Einhaltung biblischer Gebote ist zwecklos. Denken wir an den Verhungernden zurück, dessen Nachbar ebenfalls hungrig ist. Wir versichern ihm nun, es werde extra für ihn ein Festmahl vorbereitet. Als Vorgeschmack auf die guten Dinge, die ihn erwarten, servieren wir ihm einen köstlichen Aperitif und ein herrlich duftendes Kalbsschnitzel. Wir sichern ihm zu, es sei genug für alle da. Jetzt blickt dieser Mann über den Zaun und sieht dort seinen blassen, ausgemergelten Nachbarn. In diesem Moment denkt er zuerst an die Not des Nachbarn, wobei er alle verflossenen Streitigkeiten über ausgeliehene Rasenmäher und laute Gartenpartys außer acht läßt.

Gehen wir noch einen Schritt weiter. Der Veranstalter des Festes bittet diesen Mann, dem Nachbarn ebenfalls ein Schnitzel zu bringen und ihn zum Festmahl einzuladen. Wie würde der Mann reagieren? Etwa: „Na ja, eigentlich will ich ja nicht, aber es wird schon richtig so sein. Gut, gut, ich geh ja schon." Oder wird er voll Jubel dem Nachbarn die Tür einrennen mit der Nachricht, daß es etwas zu essen gibt, und bereit sein, dem anderen das Schnitzel zu bringen und ihn zu dem Festmahl einzuladen?

Weil Gott unsere Bedürfnisse erfüllt, hat das christliche Eheleben sehr viel Ähnlichkeit mit diesem Gleichnis. Alle meine Bedürfnisse sind in Christus vollständig gestillt. Die Schätze des Himmels sind mein, das muß ich glauben. Und Gott hat mir einen Vorgeschmack auf den künftigen Reichtum gegeben, um meinen Glauben zu stärken. Leider haben nur wenige Christen wirklich geschmeckt und gesehen, wie gut der Herr ist. Die Freude der Gemeinschaft mit Christus und des Dienstes für sein Reich hat zu viele Christen noch nicht wirklich erfaßt, weil sie ihm nur halbherzig nachfolgen. Wer sich aber Christus ganz hingegeben hat, weiß etwas von der Freude und dem Frieden, die nur Christus schenkt.

Gott hat uns befohlen, mit anderen zu teilen, was uns geschenkt ist. Mit den geschärften Sinnen von Menschen, deren Hunger gestillt ist – teilweise bereits jetzt und vollständig in der Zukunft –, können wir erkennen, welche tiefen Bedürfnisse sich hinter dem oft abstoßenden Verhalten des Partners verbergen. Er sehnt sich nach derselben Nahrung, die wir genossen haben. Wenn unser

Herz nun ergriffen ist von der erfahrenen Liebe, dann haben wir das überströmende Verlangen, Gottes Werkzeug zu sein, das in dem anderen die Hoffnung weckt, seine Bedürfnisse könnten ebenfalls befriedigt werden.

Wir können dies so zusammenfassen: Sobald ich die Erfüllung meiner tiefsten Sehnsüchte in Christus erfahren habe, werde ich über diese Sehnsüchte hinaus die Bedürfnisse meiner Frau wahrnehmen. Sobald ich diese Bedürfnisse des Partners erkenne, werde ich aus meiner eigenen Befriedigung in Christus heraus ein tiefes Verlangen verspüren, meiner Frau einen ähnlichen Stand der Befriedigung zu ermöglichen.

Klingt das wie blasse Theorie oder schönes Wunschdenken, fern der täglichen Wirklichkeit ständiger Spannungen? Allein die Tatsache, daß diese Sicht weit hinter unserem gewöhnlichen Erfahrungshorizont liegt, bezeugt bereits, wie wenig wir wirklich vom normalen christlichen Leben erfahren. Für einen Christen sollte es das Normale sein, zu schmecken und zu sehen, wie gut der Herr ist. Aus der Erkenntnis seiner Güte und aus der Zufriedenheit mit seinem Plan für unser Leben können wir uns selbst Gott als Werkzeuge hingeben. Das richtige Verständnis der Ehe als Berufung zu einem großen Dienst bringt uns dazu, den Blick auf die tiefsten Bedürfnisse des Partners zu richten und die einzigartige Gelegenheit zu nützen, diese Bedürfnisse auf wesentliche Art und Weise zu berühren.

Wenn wir jedoch die Befriedigung nicht erfahren, in der Güte Gottes zu ruhen, erwarten wir die Erfüllung unserer Bedürfnisse vom Partner. Wird diese Erwartung enttäuscht, was eigentlich unumgänglich ist, ziehen wir uns hinter Schutzmauern zurück, um so wenig wie möglich zu leiden. Als „bibeltreue Christen" erfüllen wir weiter die Pflichten der Ehe, jedoch im Geiste edlen Märtyrertums und in der Überzeugung, daß Gott unser Pflichtbewußtsein ehren muß.

Wer Gott beim Wort nimmt, sich trotz seines inneren Schmerzes dem göttlichen Willen ausliefert und regelmäßig seine eigenen Motive überprüft, ob er nicht sich selbst schützt, statt dem Partner zu dienen, wird die Güte Gottes schmecken. Seine Ehebeziehung wird sich mehr und mehr als Gelegenheit erweisen, nicht nur die eigenen tiefsten Sehnsüchte erfüllt zu sehen, sondern auf einem guten Weg zu gehen und dem Ehepartner dieselbe Freude zu ermöglichen. Sein Ehegelöbnis ist dann nicht länger eine erdrückende Pflicht, die es zu erfüllen gilt.

Punkt 3: Freudlosigkeit in der Ehe ist nicht die Schuld des Partners, sie entsteht aus dem mangelnden Glauben an die Güte Gottes.

Dieser dritte Punkt ergibt sich wie von selbst aus den ersten beiden. Kein Irrglaube ist hartnäckiger als der, daß andere Menschen oder die Umstände für die eigene geistliche Fruchtlosigkeit verantwortlich seien. Nach der Schrift ist Freude jedoch eindeutig die Frucht des Heiligen Geistes, die wir empfangen, sobald wir uns seinem Wirken öffnen. Empfinden wir aber aus Zorn oder Enttäuschung keine Freude mehr, schieben wir unser Problem flugs auf die Mitmenschen, die uns Unrecht getan haben.

Selbstherrlich erinnern wir uns (und unsere Seelsorger) dann daran, was wir alles zu erdulden haben. Hinter dieser Beschäftigung mit den Fehlern des Partners versteckt sich eine subtile, unbiblische Annahme: Unsere Freudlosigkeit sei die Schuld des Partners. Würde er sich ändern, wäre es kein Problem für mich, ein liebevoller Ehemann oder eine gehorsame Ehefrau zu sein. Freude wäre somit die Frucht der Einstellungen des Partners und seines Verhaltens, nicht mehr die Frucht des Geistes.

Ganz bestimmt hängt mein subjektives Glücksgefühl zu einem großen Teil vom Verhalten meiner Frau ab. Meine Frau liebt und achtet mich, und ich freue mich unendlich über ihre Wärme und Hilfe. Ihre Einstellung zu mir macht es mir leicht, meine Pflicht zu erfüllen und sie zu lieben. Würde sie sich gegen mich wenden, wäre mein Versprechen, sie so zu lieben, wie Christus die Gemeinde geliebt hat, einer schweren Probe ausgesetzt. Obwohl ich mich völlig auf Gott verlassen könnte, um ihr als Ehemann weiterhin zu dienen, würde ich weit weniger Freude dabei empfinden als zuvor.

Wo wäre dann meine Freude? Wenn sie weg wäre, hätte ich nicht recht damit zu behaupten, daß diese Freudlosigkeit die Schuld meiner Frau ist? Meine Niedergeschlagenheit und Unlust in der Erfüllung meiner Pflichten als Ehemann wäre doch ganz und gar die Folge der Ablehnung durch meine Frau, oder nicht?

Ja, es stimmt: Ich hätte die pulsierende Freude verloren, eine liebevolle Frau umarmen zu können, doch die Freudlosigkeit in meinem Dienst an ihr wäre meine eigene Schuld, da ich nicht mehr rückhaltlos daran glaube, daß Gottes Plan für mein Leben gut ist. Solange sein Plan für mich eine liebevolle Frau beinhaltet, fällt es mir nicht schwer, ihn anzunehmen. Sollte er jedoch von mir verlangen, eine mich verachtende Frau zu lieben, ist wahrhaft heroischer Glaube notwendig, um weiterhin an die Güte dieses Planes zu glauben. Gelingt es mir aber, dieses Vertrauen zu bewahren, bleibt meine Freude im Dienst an ihr unberührt.

Ein Missionar, dessen Bemühungen Gott durch eine große Anzahl von Bekehrungen gesegnet hat, kehrt nach Hause zurück mit einem strahlenden Lachen und begeisterten Erzählungen davon, wie Gott gesegnet hat. Ein anderer Missionar, dessen ebenso treuer Dienst keine sichtbare Frucht hervorgebracht hat, kann diese Art von Jubel nicht empfinden. Dennoch braucht er seinen Kopf nicht hängenzulassen. Obwohl der Schmerz der Entmutigung groß ist und zu geistlichen Kämpfen und schonungsloser Selbstprüfung führen kann, hat der treue Knecht Gottes Grund zur Freude, denn jeder Gehorsam um Christi willen erfüllt seinen Zweck und bewirkt das Wohlwollen des Herrn.

Ich gebe zu, ich wäre viel lieber ein Missionar mit einem gesegneten Dienst, so wie ich froh bin, eine liebevolle Frau zu haben. Ob ich aber mit frohmachenden Umständen gesegnet oder durch schwere Prüfungen geführt werde, mein Grund zur Freude als Christ ist immer derselbe: Meine Treue gefällt Christus und erfüllt einen Zweck in seinem Plan. Weil sein Plan gut ist, ist der Gehorsam eines echten Christen immer freudiger Gehorsam.

Schon mehr als ein Ehepaar, dem ich in der Seelsorge diese Gedanken erklärt habe, hat erstaunt den Kopf geschüttelt. Es ist nicht leicht, eine Ehe auf der Überzeugung aufzubauen (oder neuzubauen), daß Gottes Gnade ausreicht, um weiterhin gehorsam zu sein (Baustein 1) und dem Ehebund in der Überzeugung treu zu bleiben, daß Gottes Plan immer gut ist (Baustein 2).

Zum Teil fällt uns diese Glaubenshaltung so schwer, weil wir Gottes Macht nicht wahrhaben wollen. Unsere Probleme drohen uns zu ersticken, und resigniert geben wir auf. Ein weiterer Grund für unser Versagen liegt in unserem ach so begrenzten und zagenden Wissen um Gottes Güte, das uns jedes Verlangen raubt, seinen Anweisungen zu gehorchen.

Andererseits kann unsere Weigerung, im freudigen Dienst zu verharren, auch auf unsere Unsicherheit zurückzuführen sein, wie wir mit Konflikten in der Ehebeziehung umgehen sollen. So kommen wir zum dritten Baustein, dem ich das nächste Kapitel gewidmet habe.

1 Nach Ansicht vieler Gläubiger gestattet es die Bibel dem Christen, bestimmte Sünden des Partners (Ehebruch und Trennung) als ausreichenden Grund für Scheidung zu betrachten. Diese Frage hat Jay Adams in

seinem Buch *Marriage, Divorce and Remarriage* (Grand Rapids: Baker Book House 1981) genauestens untersucht. Doch unbeschadet der exakten Umstände ist Gottes Gnade genug, um den Christen auf dem Pfad des Gehorsams zu halten, selbst wo dies Ehelosigkeit bedeuten sollte.

Kapitel 8

Dritter Baustein: Annahme

Bevor wir unsere neuerbaute Ehe von der Baupolizei inspizieren lassen können, müssen wir einen dritten Baustein anfügen.

Ein enttäuschter Ehemann aus meiner Beratungspraxis hatte keine Probleme mit der Gnade und dem freudigem Gehorsam, stand aber vor einem großen Dilemma: „Ich bin davon überzeugt", sagte er, „daß Gott jede scheinbare Katastrophe in einen Strom von Segen verwandeln kann. Weil ich fest daran glaube, habe ich in meiner Ehe noch nicht aufgegeben. Ich weiß, Gott ist gut und hat mit mir nur gute Pläne. Darum will ich seinen Anweisungen rückhaltlos gehorchen, um ein gottgefälliger Ehemann zu sein.

Sie haben mir sehr geholfen, damit ich besser verstehe, was Gnade und freudiger Gehorsam bedeuten. Darum bin ich ehrlich zu Ihnen: Manchmal geht mir meine Frau einfach auf die Nerven. Was sie tut, bringt mich auf die Palme. Ich glaube, jedem anderen würde es genauso gehen. Unsere Betten bleiben immer ungemacht. Das Geschirr steht tagelang im Spülbecken. Sie verbringt ihre Tage damit, kranken Nachbarn etwas zum Essen zu bringen und in Frauenkreisen herumzuhocken, während sie kaum Zeit für mich hat. Unsere Gespräche enden gewöhnlich damit, daß sie mir ein paar Bibelverse an den Kopf wirft.

Ich habe versucht, mich damit abzufinden. Ich habe mein Bestes gegeben, das können Sie mir glauben. Ich habe viel Geduld aufgebracht, ihr meine Hilfe im Haushalt angeboten, mich bemüht, sie nicht zu kritisieren. Oft genug habe ich eigenhändig den Küchenboden aufgeputzt, ohne zu murren. Geschenke habe ich ihr gekauft, aber mit der Zeit reicht es mir. In der Arbeit stecke ich den ganzen Tag im Streß, und ich habe genug davon, in einen Saustall von Wohnung heimzukommen und nicht einmal zu wissen, ob ich ein vernünftiges Essen bekomme.

Wenn Sie von mir verlangen, sie von ganzem Herzen zu lieben und anzunehmen, kann ich nur lachen. Das geht einfach nicht. Irgendwie will ich ihr wirklich dienen, und ich versuche es auch, aber sie treibt mich zum Wahnsinn. Ich bin zu frustriert, um sie wirklich zu lieben."

Wie intim und verbindlich eine Beziehung auch sein mag, alle Eheleute finden ihren Partner zeitweise nervtötend und aufreibend. Wie kann man aber einen griesgrämigen und mürrischen Ehepartner *annehmen* und nicht bloß erdulden? Dazu sind Vertrauen zu Gottes Gnade und freudiger Gehorsam längst nicht ausreichend.

Die Bibel verlangt von uns mehr, viel mehr, als einander nur auszuhalten. Wir sollen einander annehmen, wie Gott uns angenommen hat (Römer 15,7). Wir sollen in der Liebe herzlich sein, und dazu genügt es nicht, dem Ehepartner ein resigniertes Seufzen mit Duldermiene zu servieren (Epheser 4,32). Wir sollen die Frucht des Geistes in Form von Liebe, Geduld und Freundlichkeit an uns tragen (Galater 5,22). In einer christlichen Beziehung genügt es nicht, sich mühsam weiterzuquälen, weil Gottes Gnade genügt. Auch freudiger Gehorsam im Dienst am anderen ist an sich nicht genug. Von uns wird erwartet, einander anzunehmen.

Eines muß klar sein: Einander annehmen ist mehr als einander dienen. Ein Missionar auf einer Leprastation kann in einem abstoßenden Dienst verharren, weil er sein Leben Gott und den Notleidenden geweiht hat. Die Menschen anzunehmen, die an dieser gräßlichen Krankheit leiden, vor allem wenn sie noch dazu undankbar und verbittert sind, bedeutet jedoch weit mehr.

Was soll ein Ehemann tun, dessen Frau die Tratschtante der Gemeinde ist, um die alle anderen einen großen Bogen machen, weil sie ihrem endlosen Geschwätz nicht zuhören wollen? Was bedeutet es, eine anstrengende Frau anzunehmen?

Versetzen Sie sich in die Lage einer Frau von gesellschaftlichem Rang, deren Mann das Essen in lümmelnder Haltung in sich hineinstopft und dessen Gabel nur zur Ruhe kommt, wenn nicht genug Platz für die nächste Ladung ist. Es mag ihr gelingen, diesem wenig anmutigen Ehepartner zu dienen, doch kann sie es kaum vermeiden, von seinen Tischmanieren peinlich berührt zu sein.

Das alltägliche Zusammenleben mit einem unvollkommenen Menschen macht es oft schwer, einander anzunehmen. Und doch: Die christliche Ehe setzt echte, bedingungslose und herzliche Annahme voraus, so schwierig die Gewohnheiten des Partners dies auch machen mögen.

Was bedeutet es also, auf die beiden ersten Bausteine (*Gnade* und freudiger *Gehorsam*) den Baustein der *Annahme* zu legen? Zwei Punkte sind dazu entscheidend:

Punkt 1: Es besteht ein Unterschied zwischen Annahme und Gefallen. Erstere ist uns befohlen, letzteres ein Geschenk Gottes.

Punkt 2: Seinen Partner annehmen kann nur, wer ihm vergeben hat. Dazu muß man bereit sein, das Verhalten des Partners im biblischen Zusammenhang zu betrachten.

Punkt 1: Der Unterschied zwischen Annahme und Gefallen.

Nichts ist für unsere Ehebeziehung wichtiger als eine realistische Einschätzung des Status quo. Nur wer zugibt, daß ein Problem besteht, wird nach einem Ausweg suchen.

Weil Gott jedes Problem lösen kann, dürfen wir die Existenz eines Problems niemals ableugnen. In der Ehe ist es oft notwendig, mit einem unangenehmen, enttäuschenden, nervtötenden oder unausstehlichen Menschen zusammenzuleben. Wir werden in unseren Bestrebungen, zu größerer Einheit in der Ehe zu gelangen, nicht vorwärtskommen, wenn wir die Schwachstellen des Partners einfach übergehen und uns seine Stärken vor Augen halten, beziehungsweise uns daran erinnern, daß wir nett zu ihm sein sollen.

In jeder Ehe gibt es Augenblicke, wo ein Partner den anderen bitter enttäuscht, manchmal in unwichtigen Dingen, manchmal aber auch mit schweren Folgen. Darum müssen wir wissen, was es bedeutet, einen schwierigen Partner anzunehmen.

Als ersten Schritt zur Lösung dieser Frage gilt es zu überlegen, was in uns vor sich geht, so oft uns Unrecht geschieht. Unsere Reaktion verläuft auf mindestens zwei verschiedenen Ebenen: Wir *entscheiden* uns für etwas, und wir *fühlen* etwas.

Sooft meine Frau mich erzürnt oder enttäuscht, muß ich die bewußte Entscheidung treffen, ob ich ihr weiterhin dienen oder mich hinter schützende Mauern zurückziehen will. Die natürliche Reaktion geht immer dahin, den Schmerz zu lindern und weiteren Ereignissen derselben Art auszuweichen. Ich kann meinem inneren Antrieb nachgeben und beschließen, das Beste (oder das am wenigsten Schlechte) für mich selbst zu suchen. Ich kann aber auch bewußt das Ziel des weiteren Dienstes verfolgen, koste es, was es wolle. Wir haben die Wahl, zugunsten der eigenen Bedürfnisse zu *manipulieren* oder um der Bedürfnisse des Partners willen zu *dienen*.

Zweitens ruft jede zwischenmenschliche Berührung eine Emotion hervor. Ich *fühle* etwas. Bei einem positiven und angenehmen Ereignis fühle ich mich gut; bei einem bedrohlichen und unangenehmen Ereignis schlecht. Ob mein Gefühl angenehm oder unangenehm ist, hängt ganz und gar vom Ereignis selbst ab. Darauf habe ich keinen Einfluß. Ich kann nicht *beschließen*, Zuneigung zu fühlen, wenn meine Frau mich beleidigt. Ich kann auch nicht *beschließen*, mich zu freuen, wenn sie mir Achtung entgegenbringt. Gefühle sind nicht Willenssache, sondern eine unwillkürliche Reaktion auf die Umstände.

Das muß mit aller Deutlichkeit gesagt sein: Wie sehr ich mich auch bemühe, meine tiefsten persönlichen Bedürfnisse Gott anzuvertrauen (geistliche Einheit) und meinem Partner zu dienen (seelische Einheit), unangenehme Ereignisse werden immer unangenehme Gefühle hervorrufen.[1] Jesus weinte, als Lazarus starb. Aber er freute sich mit den Engeln über die Bekehrung des Zachäus. Welches Gefühl wir empfinden, hängt ganz und gar vom Ereignis ab.

Vereinfacht ausgedrückt kann ein Ereignis eine von zwei Gefühlsgattungen hervorrufen. Unsere Gefühle lassen sich mehr oder weniger eindeutig in *Gefallen* oder *Mißfallen* gliedern. Es gibt auch gefühlsneutrale Ereignisse, zum Beispiel werde ich kaum merklich Gefallen oder Mißfallen empfinden, wenn meine Frau sich eine neue Zahnbürste kauft. Mir geht es hier nicht um gefühlsneutrale Ereignisse, sondern um die vielen Handlungen, die in uns ein klares emotionales Echo hervorrufen.

Wir wollen das Verhalten eines Menschen zu seinem Ehepartner als ein *Ereignis* definieren, als eine konkrete Handlung, um die der andere weiß und die in ihm ein Echo auf der Gefühlsebene hervorruft. Ob wir auf ein Ereignis mit Gefallen oder Mißfallen reagieren, hängt vom Ereignis selbst ab. Darum sind wir nicht dafür verantwortlich, welches Gefühl wir dabei empfinden.

Zwar rät uns Jakobus: „Achtet es für lauter Freude, wenn ihr in mancherlei Anfechtung fallet" (Jakobus 1,2), doch bedeutet dies nicht, geistliche Menschen würden keinen Schmerz fühlen, wenn sie abgelehnt werden. Gott hat uns als soziale Wesen geschaffen, die im Umgang miteinander Gefühle empfinden. Wenn mir jemand einen Tritt ans Schienbein verpaßt, muß das wehtun. Tut es das nicht, stimmt etwas mit meinem Schienbein nicht. Genauso ist es im zwischenmenschlichen Bereich. Wer Ablehnung als angenehm empfindet, leidet unter einem psychischen Defekt. Darum darf eine Frau keine Schuldgefühle haben, wenn sie Mißfallen über die ständige Nörgelei ihres Ehemannes empfindet. Würde sie sich in diesem Fall gut fühlen, wäre das kein Beweis für eine besonders geistliche Einstellung, sondern eher für eine psychische Störung oder falsche Frömmigkeit.

Mein erster Punkt lautet einfach und schlicht: Meine Reaktion auf das Verhalten des Partners besteht in einer *Entscheidung*, zu dienen oder zu manipulieren (diese Entscheidung obliegt gänzlich meiner eigenen Wahl), und in einem *Gefühl* des Gefallens oder Mißfallens (dieses hängt gänzlich vom Ereignis selbst ab).

Dabei ist anzumerken, daß unsere Entscheidung *auf das Ereignis ausgerichtet ist*, während das *Gefühl vom Ereignis gelenkt wird.*

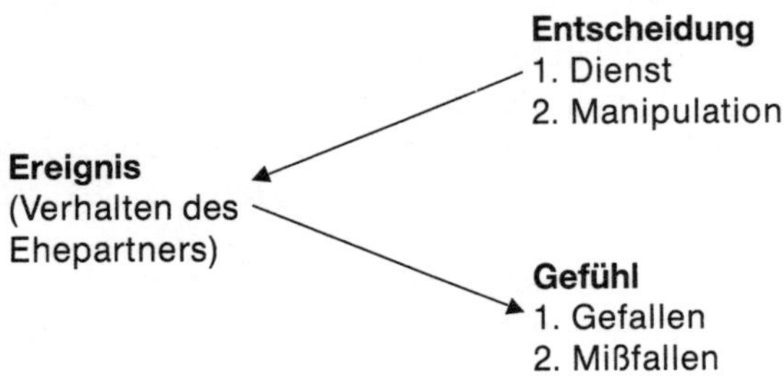

Abbildung 1

Jedesmal wenn bei Eheseminaren die Aufforderung fällt, einander anzunehmen, frage ich mich, wie viele Ehepartner tatsächlich glauben, sie hätten die Pflicht, Gefallen zu empfinden, sooft sie mit dem anderen zusammen sind. Dabei ist es nur natürlich, daß ich Mißfallen empfinde, wenn mich der andere schlecht behandelt. Sollte Annahme wirklich das positive Gefühl des Gefallens beinhalten, dann ist es unmöglich, einen Ehepartner anzunehmen, der mir Unrecht tut.

Ein Ehemann, der nicht zwischen Annahme und Gefallen unterscheidet, erklärt seiner Frau auf dem Heimweg von diesem Seminar wahrscheinlich, er würde sie ja gern annehmen, aber vorher müßte sie erst ihr Verhalten ändern. Und der Frau ergeht es genauso. Wer Annahme mit Gefallen verwechselt, wird den Partner dafür verantwortlich machen, daß er ihn nicht annehmen (d. h. keinen Gefallen an ihm finden) kann.

Die Bibel fordert uns auf, unsere Partner anzunehmen. Ganz offensichtlich erwartet Gott von uns, den Partner anzunehmen, selbst wenn wir keinen Gefallen an ihm finden. Es gibt folglich einen Unterschied zwischen Annahme und Gefallen. Ich habe die Möglichkeit, meinen Partner anzunehmen, unabhängig davon, ob sein Verhalten in mir Gefallen oder Mißfallen erzeugt. Werde ich zuvorkommend behandelt, kann ich Gott für mein Gefühl des Gefallens dankbar sein, aber das entläßt mich nicht aus der Verpflichtung, meine Frau anzunehmen, ob ich nun Gefallen an ihr empfinde oder nicht. Annahme hat also nichts mit der Gefühlsregung des Gefallens oder Mißfallens zu tun. Was bedeutet sie dann?

Damit wird offensichtlich, daß Annahme etwas mit unserer *Entscheidung*, zu dienen statt zu manipulieren, zu tun hat. Die Freiheit zu dienen müssen wir uns selbst in der unangenehmsten Situation bewahren. Dennoch ist Annahme mehr als die Entschlossenheit zum Dienst. Es ist sehr wohl möglich, in der Entscheidung zum Dienst zu verharren, obwohl man den anderen nicht angenommen hat. Selbst aufopfernder Dienst kann mit einem gewissen Vorbehalt geschehen, der die Distanz zwischen dem Dienenden und dem Bedienten aufrecht hält. Eine derartige Beziehung ist durch ein undefinierbares Etwas blockiert, das die tiefe Einheit unmöglich macht. Es fehlt die Annahme.

Annahme besteht also nicht in spontanen *Gefühlen* dem Partner gegenüber, ist jedoch mehr als die *Entscheidung*, vorbehaltlos dienen zu wollen. Was bedeutet es dann, jemand anzunehmen? Um wirklich verstehen zu können, was es heißt, einen mißfälligen Partner anzunehmen, müssen wir uns mit dem biblischen Begriff der Vergebung befassen.

Punkt 2: Seinen Partner annehmen kann nur, wer ihm vergeben hat. Dazu muß man bereit sein, das negative Verhalten des Partners im biblischen Zusammenhang zu betrachten.

Maria hat Rudi Unrecht getan. Rudi empfindet Mißfallen, bleibt jedoch entschieden, ihr trotzdem zu dienen. Irgend etwas fehlt aber. Rudi weiß das, und bald wird es Maria ebenfalls wissen. Obwohl er ihr dienen will, weil er Gott gehorsam ist, wird sein Dienst mechanisch. Er hat etwas Unnatürliches, Gezwungenes an sich: Seine Liebe zu ihr wirkt gespielt.

Als Rudi über seine unnatürliche Haltung betet, wird er sich der Verbitterung bewußt, die jedes Mal hochkommt, wenn er daran denkt, was Maria ihm angetan hat. Seine gefühlsmäßige Haltung zu Maria steht jedem Fortschritt auf dem Weg zur Einheit im Weg.

Das weiß er, und darum beschließt er, seinen Ärger abzulegen, um Maria wirklich annehmen zu können. Aber er merkt, daß er unmöglich jemand annehmen kann, auf den er bitter ist. Er muß erst mit seiner Bitterkeit fertig werden, bevor die herzliche, ungezwungene Bereitschaft, ihr zu dienen, sich wieder einstellen und er sie wieder lieben kann, und zwar um ihrer selbst willen und nicht, weil Gottes Güte ihn dazu treiben soll.

Rudi wendet sich an einen Seelsorger: „Wie kann ich meine Bitterkeit überwinden, so daß meine Zuneigung zu Maria auf tiefer Annahme beruht?“

Der Seelsorger antwortet: „Der Grund für Ihre Bitterkeit liegt darin, daß Sie Maria nicht vergeben haben. Wo Groll vorhanden ist, dort hat das eigentliche Werk der Vergebung noch nicht stattgefunden.“

Rudi denkt über den Rat des Seelsorgers nach und sieht ein, daß er Maria vergeben muß, um sie wirklich annehmen zu können.

Bedenken wir die Definition von Annahme, die diesem Verhaltensmuster zugrundeliegt: *Jemand anzunehmen bedeutet, ihm ohne Groll oder Zwang zu dienen.* Annahme umfaßt somit beide Ebenen unserer Reaktion auf ein Ereignis: (1) die Entscheidung zu dienen; und (2) die Abwesenheit jeglicher Gefühle, die diesen Dienst verhindern.

Das erste Element besteht somit aus einer schlichten Entscheidung: zu dienen oder zu manipulieren. Das zweite Element dagegen ist weitaus komplizierter. Niemand kann bittere Gefühle einfach willentlich abstellen. Um aber jemand anzunehmen, der uns Unrecht getan hat, müssen wir die feindseligen Gefühle loswerden, die in uns hochkommen, wenn wir an das erlittene Unrecht denken. Wie aber sollen wir das machen?

Mit der für sie typischen Schlichtheit faßt die Bibel die Antwort in einem Wort zusammen. Der Übergang von Groll zu Zuneigung, von erzwungener Freundlichkeit zu freiwilliger Liebe, geschieht durch *Vergebung*. Wir müssen somit genau verstehen lernen, was Vergebung bedeutet und wie man durch sie mit dem Groll fertig wird. Denken wir zuerst darüber nach, woher bittere Gefühle kommen.

Erinnern wir uns an die beiden persönlichen Grundbedürfnisse, Sicherheit und Bedeutung. Weil unsere Bedürfnisse in der Beziehung zu Christus erfüllt sind, können wir aus der Fülle leben. Die Freiheit, die uns Christus schenkt, umfaßt die Freiheit, nichts vom Partner zu benötigen. Natürlich empfinden wir Schmerz, wenn jemand uns ablehnt oder verachtet. Aber die Liebe des Herrn zu uns und sein Plan für unser Leben helfen uns, weiter zu geben, wie wenig wir auch empfangen mögen. Darum ist es selbst mit dem abstoßendsten Ehepartner möglich, das Ziel des Dienstes aufrechtzuerhalten, ohne ihn zu manipulieren.

Aber wie oft ich mir auch vorsage, daß ich nichts von meiner Frau brauche, wünsche ich mir dennoch sehr viel von ihr. Ich sehne mich nach Partnerschaft, Liebe, Achtung, Wertschätzung, sexueller Erfüllung und so weiter. Weil ich von meiner Frau bestimmte Reaktionen möchte, kann sie mich durch ihr Verhalten verletzen und mein Mißfallen erregen. Brächte ich es fertig, nichts von ihr zu wollen, würde ich keinen Schmerz empfinden, wenn sie mir ihre Zuneigung verweigert. Ich will aber etwas von meiner Frau, und ich soll dies auch wollen. Sooft ich nicht erhalte, wonach ich mich sehne, schmerzt es mich. Wie nun werden Schmerz und Mißfallen zu Bitterkeit und Groll?

Wie ich bereits in früheren Büchern über Seelsorge ausführte, werden unsere *Gefühle* über ein Ereignis in hohem Maße durch unsere *Bewertung* dieses Ereignisses bestimmt.[2] Wenn ich *glaube*, ein bestimmtes Ereignis stelle eine ernsthafte Bedrohung meines körperlichen oder persönlichen Wohlbefindens dar, *empfinde* ich Angst und Wut. Bin ich jedoch überzeugt, daß das Ereignis zwar schmerzhaft, aber für mich als Person nicht wirklich schädlich ist, beschränken sich meine Gefühle auf Trauer und manchmal vielleicht Ärger. Das möchte ich an einem Beispiel verdeutlichen.

Das Gesicht des Arztes verrät ernste Besorgnis, als er aus dem Operationssaal kommt. Normalerweise wird der wartende Ehemann in dieser Situation angstvolle Leere empfinden. Ein Mann jedoch, der sich auf eine ehebrecherische Affäre eingelassen hat und sehnsüchtig auf eine Gelegenheit wartet, um seine Ehe ohne Gesichtsverlust zu beenden, wird auf dasselbe Ereignis völlig anders reagieren. Das konkrete Gefühl hängt nicht vom Ereignis selbst ab (dem besorgten Gesicht des Arztes, das den Tod der Frau verrät), sondern davon, was dieses Ereignis dem Ehemann bedeutet (Verlust der geliebten Frau oder die Gelegenheit, ohne Schande in eine ersehnte Beziehung einzutreten).

Obwohl das Ereignis selbst bestimmt, ob unsere gefühlsmäßige Reaktion positiv oder negativ ist (Gefallen oder Mißfallen), entscheidet sich unser konkretes Gefühl und seine Intensität an der Bewertung, die wir dem Ereignis zuteil werden lassen.

Was ging vor, als Maria ihrem Mann Rudi Unrecht tat? Die unmittelbare und unausweichliche Reaktion Rudis war Mißfallen. Dies nennen wir die Primärempfindung.

Rudi reagierte weiter auf dieses Ereignis, indem er es bewertete. Das geschieht oft unbewußt. Je nach Bewertung wird er zu dem Schluß kommen, daß das Ereignis seine Bedürfnisse oder seine Wünsche tangiert.

Hoffentlich hat Rudi verstanden, daß Marias Verhalten keinerlei Auswirkungen auf seine Bedürfnisse hat, weil Christus genügt. Ist Rudi davon wirklich überzeugt, braucht er sich nicht mehr um die Frage zu drehen, welche Gefühle die Handlungsweise Marias in ihm ausgelöst haben. Natürlich ist ihr Verhalten für ihn eine unangenehme und schmerzhafte Verweigerung seiner *Wünsche*, die ihn traurig stimmt.

Ob Rudi bitter wird, hängt nun davon ab, wie er das Ereignis bewertet. Glaubt er fälschlicherweise, daß Marias Verhalten eine Bedrohung seiner Bedürfnisse ist, wird sich die Primärempfindung des Mißfallens rasch zur Sekundärempfindung der Bitterkeit entwickeln. Betrachtet er jedoch das Ereignis richtigerweise als Verweigerung seiner Wünsche, dann führt sein Mißfallen zur Sekundärempfindung trauriger, vielleicht auch zorniger *Enttäuschung*.[3]

Stellen wir uns ein ganz anderes Ereignis vor. Maria hat ihren Mann Rudi soeben mit einer besonderen Liebesbezeugung überrascht. Seine Primärempfindung wäre Gefallen und Freude. Bewertet er diesen Liebeserweis nun als notwendig für seine Bedürfnisse („Ich brauche die Bestätigung von meiner Frau, um mich geachtet zu fühlen"), gleitet das Gefühl der Freude rasch zu der davon abgeleiteten Empfindung der *Verlustangst* ab. Gelingt es Rudi hingegen, nach dem Vorbild des Apostels Paulus in Philipper 4 dankbar für die Liebe Marias zu sein, ohne die Abhängigkeit von Christus zu verlieren, ist seine Sekundärempfindung eine herzliche, nicht besitzergreifende *Zufriedenheit.*

Das läßt sich leicht in zwei Abbildungen festhalten (vgl. S. 148).

Nachdem uns diese Zusammenhänge bewußt sind, wenden wir uns wieder dem Begriff der Vergebung zu. In Matthäus 18,21–35 finden wir Jesu Gleichnis über einen Mann, der einem anderen eine Schuld erläßt. Diese Geschichte veranschaulicht die Grundbedeutung der Vergebung: den Erlaß einer Schuld.

Wenn ich hundert Mark von Ihnen borge, bin ich dafür verantwortlich, das Geld zurückzuzahlen. Es ist meine moralische Verpflichtung, die Schuld zu begleichen. Finden Sie sich aber aus irgendeinem Grund bereit, mir die Schuld zu erlassen oder zu vergeben, habe ich keine Verpflichtung mehr, die ausgeborgte Summe zu bezahlen. In gewissem Sinne tragen Sie die Last meiner Schuld, weil Sie den Verlust auf sich nehmen.

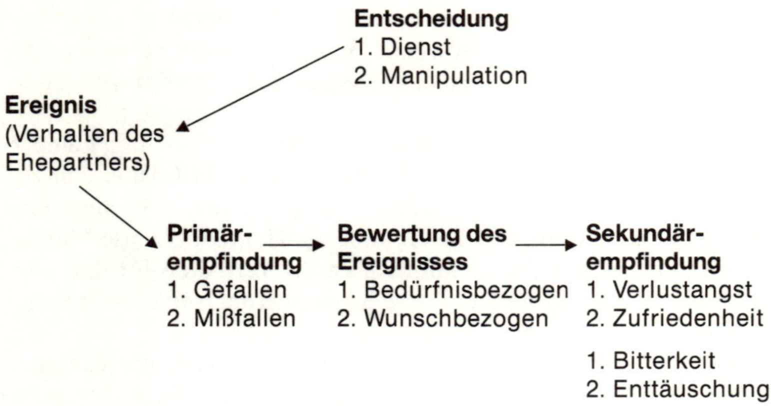

Abbildung 2

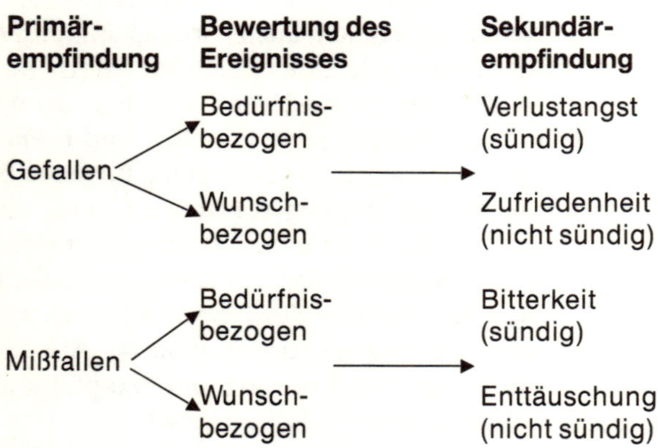

Abbildung 3

Vergebung besteht also darin, vom Schuldner keine Bezahlung mehr zu fordern. Übertragen wir diese Erkenntnis nun auf zwischenmenschliche Schuld. Maria hat Rudi Unrecht getan. Sie hat ihn hintergangen. Sie hat eine Schuld auf sich geladen, die nur durch die gerechten Folgen, Strafe und Vergeltung, aufgehoben werden kann. Wenn Rudi nun aufgefordert wird, ihr zu vergeben, kann er – wie so viele – folgendermaßen reagieren: „Sie hat mir doch Unrecht getan! Warum soll ich die Last ihres Vergehens tragen? Das ist nicht fair! Sie hat eine Sünde begangen, und ich soll ihr einfach so vergeben? Sie hat eine Strafe verdient!“

Genau aus diesem Grund ist Vergebung schwierig, aber auch notwendig. Maria hat Strafe verdient. Vergebung erfordert eine höchst widernatürliche Entscheidung, daß nämlich der Schuldner keine Strafe für sein Vergehen erleiden soll.

Um zu verstehen, was die Entscheidung zur Vergebung wirklich beinhaltet, wollen wir einige Formen der Vergeltung aufzählen, die einem hintergangenen und nicht vergebungsbereiten Partner zur Verfügung stehen:

- Vorhaltungen machen
- die kalte Schulter zeigen
- Schmollen
- Liebesentzug
- Entzug des ehelichen Umgangs oder kalte Gefügigkeit
- Keine Zärtlichkeiten mehr
- Verweigerte Hilfsbereitschaft
- Überlegenes Lächeln
- Schroffheit
- Verschleierte oder offene Scheidungsdrohungen
- Demütigung vor anderen

Und es gibt noch viele andere Methoden. Ihre Zahl ist einzig durch die Kreativität eines rachsüchtigen Geistes begrenzt.

Kein noch so erfahrener Seelsorger kennt alle Rachegedanken, die in den Tagträumen eines hintergangenen Ehepartners herumspuken. Vergebung ist mehr als die Bereitschaft, bestimmte Vergeltungsmaßnahmen nicht auszuführen. Der vergebende Partner muß bereit sein, *keinerlei Vergeltung* für das Vergehen zu fordern. Das verlangt (1) die Entscheidung zu vergeben, gefolgt von (2) dem erneuerten Vorsatz zu dienen, der zu (3) erneuten Liebesbeweisen gegenüber dem Sünder führen muß.

Ein grollender Ehepartner, der sich darum bemüht, den anderen anzunehmen, schließt daraus jetzt vielleicht, Vergebung erfordere lediglich *klare Entscheidungen* und *geänderte Verhaltensweisen*. Würde Vergebung tatsächlich nicht mehr als diese beiden Elemente beinhalten, könnten wir sie wie folgt darstellen:

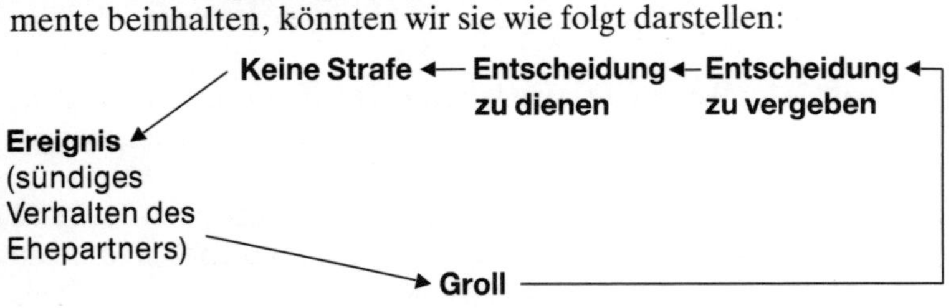

Abbildung 4

Nehmen wir an, Rudi, unser hintergangener Ehemann, hat noch immer Probleme, seiner Frau Maria zu vergeben. Nun wendet er obiges Schema an. Wird es ihm dadurch gelingen, seine Frau wirklich aus tiefstem Herzen *anzunehmen*? Nach ernsthaften Bemühungen, ihr zu vergeben und weiterhin zu dienen, wird er vermutlich noch immer nicht zufrieden sein, weil seine Vergebung unvollständig bleibt und er seine Frau noch immer nicht ganz wieder angenommen hat. Dies würde sich wahrscheinlich in dem Gefühl äußern, ihr nur in einer Art Pflichterfüllung zu dienen.

„Ich kann meiner Frau vergeben", erzählt Rudi seinem Seelsorger in der nächsten Sitzung, „aber ich kann die Sache nicht vergessen. Ich bin bereit, sie gut zu behandeln, obwohl ich sie nicht unbedingt herzlich liebe. Mir ist schon klar, daß meine Entscheidung, zu vergeben und zu dienen, nicht von herzlichen Gefühlen abhängig ist. Aber ich kann es mir nicht verwehren, daran zu denken, was sie mir angetan hat.

Und wann immer ich daran denke", fährt Rudi fort, „steigt wieder der ganze Zorn und Ärger in mir hoch. Wird sich das mit der Zeit geben, wenn ich weiterhin gut zu ihr bin? Ich kann sie nicht wirklich annehmen, solange ich zornig auf sie bin. Aber wie soll ich meine Bitterkeit loswerden? Alles, was ich getan habe, um ihr zu vergeben und ihr bewußt zu dienen, hat mich dabei nicht weitergebracht."

Wenn wir diesem frustrierten Ehemann helfen wollen, seine Frau wirklich anzunehmen, müssen wir seinem Verständnis der Vergebung etwas hinzufügen. Besteht Vergebung wirklich nur in der *Entscheidung* zu vergeben und in dem *Vorsatz* zu dienen? Wie sollen wir unseren Zorn loswerden und den Eindruck der erzwungenen Pflichterfüllung, der immer wieder aufkommt, wenn wir an das Vergehen des anderen denken?

Sollen wir jede Erinnerung verdrängen, bis wir wirklich alles vergessen haben? Ist es überhaupt möglich, so zu vergessen?

Ich begegne häufig zwei Antworten auf diese Fragen. Die erste Antwort ist völlig unbefriedigend, die zweite lückenhaft.

Antwort 1: „Wenn Gott uns vergibt, vergißt er unsere Sünden; auch wir können und müssen die Sünden anderer gegen uns vergessen."

Antwort 2: „Wer konsequent vergibt (d. h. sich entschließt zu vergeben, dem anderen weiter zu dienen und keine Vergeltung zu üben), wird das sündhafte Ereignis mit der Zeit als unwichtig betrachten und keine Ge-

> fühle mehr damit verbinden, bis er die Sache schließlich als unerheblich vergessen wird."

In Jeremia 31,34 sagt der Herr: „Denn ich will ihnen ihre Missetat vergeben und ihrer Sünde nimmermehr gedenken." Dieser Vers wird oft als Beleg für Antwort 1 zitiert: Echte Vergebung beinhalte das Vergessen. Doch so einfach liegen die Dinge nicht.

Dieser Vers kann kaum bedeuten, daß Gott unsere Sünden so vergißt, als hätte er an dieser Stelle eine Gedächtnislücke. Diese Art Gedächtnisschwund ist keine Tugend; sie ist vielmehr eine Unfähigkeit, sich etwas ins Bewußtsein zu rufen, also eine Störung der Gehirnfunktion. Ein allwissender Gott hat keine Gedächtnislücken.

Diese Stelle bedeutet wahrscheinlich, daß unser gnädiger Gott uns nicht mehr an unsere Sünden erinnert, weil er die Angelegenheit als erledigt betrachtet. Durch das Versöhnungswerk Christi hat er uns unsere Schuld erlassen und fordert keinerlei Bezahlung mehr. Die Schuld ist ja bereits bezahlt. Dieses „Vergessen" unserer Sünden ist in meiner früheren Definition eingeschlossen: Vergebung umfaßt die Bereitschaft, dem Schuldner jede Strafe und alle Konsequenzen seines Vergehens zu erlassen. Ein Vergehen zu vergessen, so wie Gott unsere Sünden „vergißt", läßt das Problem der Zorngefühle bei der Erinnerung an das Unrecht im Grunde ungelöst. Damit ist uns nicht weiter geholfen als mit dem Rat, zu vergeben und weiterhin zu dienen. Das Problem der bitteren Gefühle bleibt unberührt.

Der Rat, ein Vergehen zu vergessen, hilft uns im Nachdenken über die Vergebung nicht weiter und führt nur in die Entmutigung. Wer diesen Rat wörtlich nimmt, steht vor der Wahl, entweder das eigene Gedächtniszentrum im Gehirn zu zerstören oder durch pathologische Repression eine selektive Amnesie herbeizuführen. Das ist natürlich niemandem anzuraten.

Manche Christen scheinen aber zu glauben, die Lösung des Problems bestünde darin, den Vulkan der zornigen Gefühle durch selektive Aufmerksamkeit zu „verstöpseln", indem man nur über das Angenehme nachdenkt. Das ist jedoch keine Lösung. Derartige Bemühungen vertiefen nur die Bitterkeit und lassen sie in anderen Bereichen zum Ausbruch kommen, die weniger offensichtlich sind. Und es führt häufig zu einer ganzen Palette körperlicher Leiden und Wehwehchen, zu Reizbarkeit, Eßlust oder zahlreichen anderen Ausdrucksformen verdrängten Ärgers.

Nun zu Antwort 2: Werden wir das Vergehen schließlich vergessen, so wie wir nicht mehr wissen, was wir vor drei Tagen zum Frühstück gegessen haben?

Dieser Rat ist insofern richtig, als daß die Erinnerung an ein Vergehen der Macht beraubt werden muß, negative Gefühle hervorzurufen. Meines Erachtens wird das aber so einfach nicht gelingen. Entstehen in der fortgesetzten Liebesbezeugung an jemandem, der mich verletzt hat, tatsächlich herzliche Gefühle zu dieser Person, falls ich fest entschlossen bin, Vergebung zu bekunden? Werde ich durch liebevolle Handlungen an meinem Partner schließlich dahin gelangen, ihn wieder anzunehmen?

Die Schwächen der Theorie, Gefühle entstünden aus Handlungen, habe ich bereits in Abbildung 2 dargestellt. Am Anfang steht ein signifikantes zwischenmenschliches Ereignis, das zu einer Primärempfindung führt. Über die Bewertung des Ereignisses kommt es schließlich zur Sekundärempfindung. Diese Abbildung verdeutlicht fünf Dinge:

1. Auf wesentliche zwischenmenschliche Ereignisse reagieren wir mit einer *Entscheidung* und einer *Empfindung*.
2. Die Entscheidung besteht entweder darin, trotz des sündigen Verhaltens weiter zu *dienen*, oder darin, daß wir aus Schmerz über das Ereignis den anderen zu *manipulieren* versuchen. Weil diese Entscheidung unserer freien Wahl obliegt, müssen wir die volle Verantwortung für sie übernehmen.
3. Die Primärempfindung (das unmittelbare Gefühl), die durch ein Ereignis ausgelöst wird, ist entweder *Gefallen* oder *Mißfallen*. Welches der beiden Gefühle wir empfinden, hängt gänzlich vom Ereignis selbst ab; weil wir unsere Gefühle nicht direkt kontrollieren können, dürfen wir für sie keine Verantwortung (weder Stolz noch Schuld) übernehmen.
4. Unsere Primärempfindung nach einem Ereignis entwickelt sich rasch zu einer Sekundärempfindung, die entweder sündig oder nicht sündig sein kann:
   a) Gefallen kann zu *Verlustangst* (sündig) oder *Zufriedenheit* (nicht sündig) führen;
   b) Mißfallen kann *Bitterkeit* (sündig) oder *Enttäuschung* (nicht sündig) auslösen.
5. Ob aus einer Primärempfindung eine sündige oder nicht sündige Sekundärempfindung wird, hängt *nicht* vom Ereignis selbst ab, sondern von unserer *Bewertung* desselben:
   a) Wenn wir ein positiv erlebtes Ereignis als für unsere Bedürfnisse wichtig bewerten, wird unsere Sekundärempfindung Verlustangst sein.

b) Bewerten wir das positiv erlebte Ereignis als lediglich bedeutsam für unsere Wünsche, heißt unsere Sekundärempfindung Zufriedenheit;
c) Bewerten wir ein negativ erlebtes Ereignis als wichtig für unsere Bedürfnisse, fühlen wir als Sekundärempfindung Bitterkeit;
d) Bewerten wir dieses negativ erlebte Ereignis als bedeutsam für unsere Wünsche, stellt sich die Sekundärempfindung als Enttäuschung dar.

Bedenken wir wiederum, was vor sich geht, wenn jemand Unrecht erleidet. Das Ereignis erfordert eine Entscheidung (die einem Reflex gleichkommen kann) und bewirkt eine Empfindung. Stellen wir uns einmal vor, unser hintergangener Ehemann Rudi will seine Frau Maria annehmen. Er beschließt, ihr zu vergeben, und versucht die Sache zu vergessen.

Vorausgesetzt, seine Entscheidung zu vergeben, entspringt seinem echten Willen und nicht einer verkrampften Auffassung von Pflicht, wird Rudi an seiner Frau keinerlei absichtliche Vergeltung üben. Diese Entscheidung fällt ihm aber nicht leicht. Nehmen wir weiter an, Marias Vergehen bestand in wiederholter Untreue. Weil sie wirklich Buße getan hat, beschließt Rudi, ihr zu vergeben und die Ehe mit ihr aufrechtzuerhalten. In der Seelsorge berichtet Rudi, daß er seiner Frau mehrmals „mitgeteilt" hat, wie schrecklich er sich fühlt, sooft er an ihren Ehebruch denkt.

„Ist es nicht richtig, Maria meine Gefühle mitzuteilen?", fragt er.

„Das hängt davon ab, mit welchem Ziel Sie Ihre Gefühle mitteilen", antworte ich. „Was immer Sie tun, muß ein einziges Ziel haben, nämlich Maria zu dienen. Jedesmal wenn Sie Ihrer Frau erzählen, daß Sie mit der Erinnerung an ihre Sünde zu kämpfen haben, häufen Sie Schuld und Frustration auf sie. Ich habe den Verdacht, daß dieses ‚Mitteilen' als Strafe für die begangene Sünde gedacht ist. Ihre Entscheidung, zu vergeben und zu dienen, verbietet es Ihnen, weiter von Ihren verletzten Gefühlen zu reden." Das erste Element der Vergebung besteht in der festen Entscheidung, keine Strafe für das Vergehen zu verhängen, wobei wir auch auf subtile Möglichkeiten achthaben müssen, wie wir diesen Vorsatz umgehen können.

Rudi versteht, daß er sich für die völlige Vergebung entscheiden muß, und er tut es. Dennoch fällt es ihm nach wie vor sehr schwer zu vergessen.

„Wie kann ich meine verletzten Gefühle und meinen Ärger loswerden? Ich kann mich wohl dazu zwingen, mit Maria zu schlafen, aber jedesmal sehe ich dann vor mir, wie sie mit dem anderen im Bett lag. Das wird mir einfach zu viel! Ich habe überhaupt keine Freude mehr am Sex. Manchmal fühle ich gar nichts mehr. Und selbst wenn es ‚funktioniert', merkt Maria sehr wohl, daß etwas nicht stimmt. Wie kann ich diese Erinnerungen ausschalten? Solange ich ihre Affäre nicht vergessen oder wenigstens den aufsteigenden Zorn in mir bekämpfen kann, ist es mir nicht möglich, Maria voll und ganz anzunehmen."

Hier frage ich mich, ob die konsequente Entschiedenheit zu vergeben wirklich genügt, um die Erinnerungen auszulöschen. Versuchen wir uns vorzustellen, was passiert, wenn Rudi sich weiterhin Mühe gibt und darauf hofft, die ganze Sache mit der Zeit einfach vergessen zu können.

Rudis Bitterkeit und Zorn geht auf eine falsche Bewertung der Sünde seiner Ehefrau zurück. Die Primärempfindung des Mißfallens ist zu Verbitterung geworden, weil Rudi fälschlicherweise glaubt, das Vergehen seiner Frau hätte seinen männlichen Selbstwert irgendwie reduziert. Die Antwort auf die Bitterkeit liegt also nicht in *erneutem Bemühen*, sondern in *erneuertem Denken*. Rudis Bitterkeit wird solange bestehen bleiben, bis er in der Sünde seiner Frau nicht mehr eine Bedrohung seiner Bedürfnisse sieht, sondern die Durchkreuzung seiner Wünsche. All sein „vergebendes Verhalten" kann seine Bitterkeit nicht in Enttäuschung verwandeln, weil die unmittelbare Ursache für Bitterkeit die falsche Bewertung des Ereignisses ist und nicht das falsche Verhalten aufgrund des Ereignisses.

Nehmen wir an, Rudi hält an seiner Entscheidung zur Vergebung fest, ohne aber seine falsche Bewertung zu korrigieren. Was wird mit seiner Bitterkeit geschehen? Groll und Bitterkeit lassen sich wohl verdrängen, treten dann allerdings auf andere Weise wieder in Erscheinung. Nach meinem Verständnis der menschlichen Psyche ist es richtiger zu sagen, die *Erinnerungen an das Ereignis* werden verdrängt, nicht die *Gefühle über das Ereignis*. Das klingt zwar theoretisch, ist aber sehr wichtig.

Gefühle können wir nicht verdrängen. Wir können uns dazu zwingen, körperliche Spannungen nicht zum Ausbruch kommen zu lassen, die auf Gefühle zurückgehen. Das nennt sich zwar „Gefühlsverdrängung"; aber das Gefühl selbst, jener ungreifbare, triebhafte Bewußtseinszustand, läßt sich nicht verdrängen. Wir verdrängen in Wirklichkeit nicht die Gefühle, sondern die Gedanken, die das Gefühl auslösen. Wir können uns weigern, den Erinnerungen an ein gefühlsintensives Ereignis nachzuhängen. Wir können es sozusagen wegdenken. Wir können beschließen, nicht über das unangenehme Ereignis nachzudenken, weil wir dem Schmerz ausweichen wollen, den die Erinnerung hervorruft. Mit entsprechender Übung werden wir es recht gut schaffen, nur an die angenehmen (oder weniger schmerzhaften) Dinge zu denken.[4]

Was aber bewirkt diese Verdrängung? Solange Rudi den Ehebruch seiner Frau als Bedrohung seines männlichen Selbstwerts empfindet, hat er nicht verstanden, was es bedeutet, dem Herrn zu vertrauen. Die Überzeugung seines sündigen alten Wesens, Marias Achtung wäre wesentlich für seine Selbstannahme, bleibt unverändert. Darum ist er immer noch bestimmt von seinem götzendienerischen Ziel, die eigenen Bedürfnisse aus anderen Quellen als aus Christus zu erfüllen.

Der Seelsorger, der seinem Klienten lediglich rät, sich dazu zu entschließen, dem andern zu vergeben, wird ihn nicht weiterbringen auf dem Weg der geistlichen Reife, die nur dadurch wächst, daß man sich allein auf Christus verläßt. Er hat nur erreicht, daß der Betreffende sich pflichtgemäß verhält. Doch der Einheit in Christus kommt das Ehepaar auf diese Weise nicht näher. Hinter Rudis erneuten Bemühungen, Maria liebevoll zu behandeln, verbirgt sich das schale Gefühl, daß irgend etwas nicht stimmt. Verstärktes Bemühen reicht nicht aus, um die Annahme herbeizuführen, die zu echter Einheit erforderlich ist. Veränderte Denkvoraussetzungen, eine neue Bewertung des Ereignisses selbst, sind notwendig.

Wenn also der feste Vorsatz zu vergeben allein nicht genügt, um mit den unterdrückten Gefühlen (die noch immer Bitterkeit erzeugen können) fertigzuwerden, wie lautet dann die Lösung? Das fehlende Element ist eine neue Bewertung des Ereignisses, die mit Gottes Sicht in Einklang steht. Vom biblischen Standpunkt aus ist das Ereignis zwar bedauerlich, bedroht aber nicht die Bedürfnisse nach Sicherheit und Bedeutung. Diese Abkehr von der falschen Perspektive hin zu einer richtigen Bewertung ist der zentrale Punkt jeder wirklichen Bemühung zu vergeben.

Das Werk der Vergebung: Was ist erforderlich?

Wahre Vergebung unterscheidet sich von unvollständiger Vergebung in der Bewertung des sündhaften Ereignisses: es muß als wunschbezogen bewertet werden, weil es das eigene Verlangen nach liebevoller Partnerschaft durchkreuzt, die Grundbedürfnisse nach Sicherheit und Bedeutung aber unberührt läßt. Um ein Vergehen gegen uns „vergessen" zu können, müssen wir das Ereignis neu bewerten, so daß es unseren Zielen nicht mehr im Wege steht. Dann wird Bitterkeit zu Enttäuschung (ein durchaus akzeptables Gefühl), und der feste *Beschluß* zur Vergebung wird ergänzt durch das geistgeleitete *Nachdenken* über die Wahrheit, daß die eigenen Bedürfnisse in Christus voll erfüllt sind.

Wir wollen darüber nachdenken, wie ein störendes Ereignis umzubewerten ist, damit wir es als schmerzhaft, nicht aber als vernichtend betrachten können. Ich möchte den Kernsatz, von dem wir in dieser Abhandlung ausgegangen sind, nochmals wiederholen:

> Seinen Partner annehmen kann nur, wer ihm vergeben hat. Dazu muß man bereit sein, das Verhalten des Partners in biblischem Zusammenhang zu betrachten.

Rudi, der noch immer mit Bitterkeit kämpft, erklärt: „Genau das will ich! Ich will Marias Sünde so umbewerten, daß ich ihr ganz vergeben kann. Was muß ich tun?" Rudi fragt also, wie wir es lernen können, einem Ereginis eine neue Bedeutung beizumessen.

Die Antwort liegt in einem Prinzip, das vielleicht kompliziert aussieht, in Wirklichkeit aber ganz einfach ist: *Die Bedeutung eines Ereignisses entscheidet sich an dem Zusammenhang, in dem ich es betrachte*. Anders gesagt: Ich bewerte ein Ereignis je nach dem Zusammenhang, in dem es stattfindet.

Wenn meine Frau zu mir sagt: „Geh mir aus den Augen!", können diese Worte je nach dem Zusammenhang, in dem sie ausgesprochen sind, verschiedene Bedeutung haben. Wenn ich unerwartet nach Hause komme, während sie im Wohnzimmer ein Geschenk für mich einpackt, wäre die Bedeutung ihrer Worte eine ganz andere, als wenn sie nach einem heftigen Streit ausgesprochen werden.

Wie kann sich die Bedeutung eines Ereignisses für mich verändern, indem ich es in einen biblischen Zusammenhang stelle? Wer ein sündhaftes Ereignis als auf seine Bedürfnisse bezogen betrachtet, begeht gewöhnlich drei Irrtümer:

1. Er begreift nicht, daß Christi Liebe ihn sicher macht und daß er echte Bedeutung besitzt, weil er an Gottes Zielen teilhat.
2. Er glaubt, eine bessere Behandlung verdient zu haben, als sie

KEINE VERGEBUNG

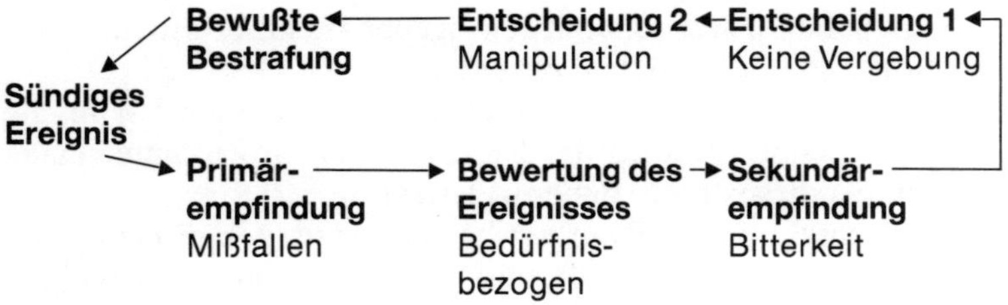

Abbildung 5

UNVOLLSTÄNDIGE VERGEBUNG

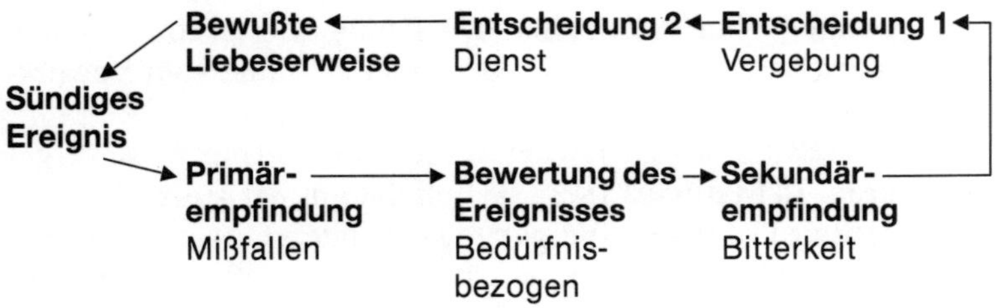

Abbildung 6

WAHRE VERGEBUNG

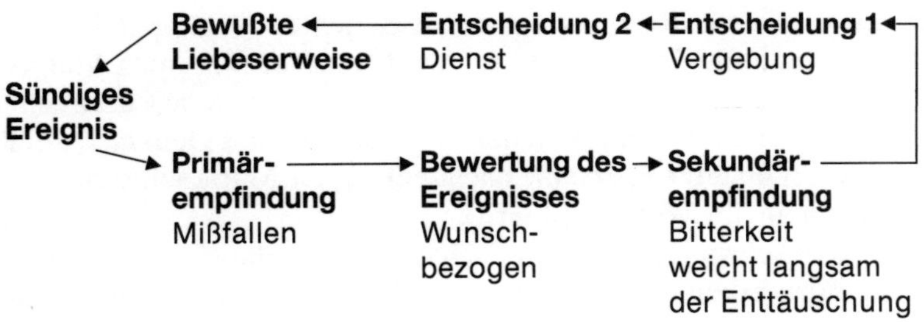

Abbildung 7

ihm zuteil wurde, weil er offenbar nicht weiß, was Gerechtigkeit für einen Sünder bedeuten müßte.

3. Er befaßt sich zu sehr mit den eigenen Bedürfnissen, um noch die Nöte anderer Menschen zu sehen.

Um zu erkennen, wie ein Vergehen an mir nur meine Wünsche tangieren kann, muß ich das Ereignis in einen Zusammenhang stellen, der diese drei Irrtümer widerlegt:

1. Ich muß mir der Wahrheit bewußt werden, daß meine Bedürfnisse in Christus erfüllt sind, indem ich mich auf meinen Reichtum in ihm besinne. Ich muß mir selbst bewußt vorsagen, daß ich wertvoll bin, egal wie abgelehnt und nutzlos ich mir vorkommen mag. Ich muß einen Lebensstil führen, in dem diese Gewißheit ausgelebt wird. Ich muß die Bibel durchforschen und über meine Erkenntnisse nachdenken. Befällt mich die Erinnerung daran, was mir mein Ehepartner angetan hat, muß ich mir kompromißlos bewußtmachen, daß keines dieser Dinge etwas an der Tatsache meiner Sicherheit in Christi Liebe und meiner Bedeutung in seinem Plan ändern kann. Die Erinnerung an ein Vergehen gegen mich darf mich niemals überkommen, ohne vom Bewußtsein meiner Erfüllung in Christus begleitet zu sein.

2. Ich muß mir dessen bewußt werden, wie viel mir selbst vergeben wurde. In Matthäus 18,21–35 befiehlt uns der Herr, einander von Herzen zu vergeben. Vergebung am anderen ist eine ganz natürliche Sache für jemanden, der zu schätzen weiß, wie viel Gott ihm vergeben hat. Niemals darf ich bessere Behandlung verlangen, weil ich sie verdient hätte; verdient hätte ich nur das ewige Gericht. Dennoch hat Gott mir vergeben und mir ewige Freude zugesagt. Die Erinnerung an die eigenen Sünden, die Gott mir vergeben hat, muß den Zusammenhang für meine Einschätzung des Vergehens meines Partners darstellen. Nur wer Gottes Vergebung ganz erfaßt hat, kann anderen wirklich vergeben.

3. Paulus weist uns an, uns um das Wohl der anderen zu kümmern und diese höher als uns selbst zu achten (Philipper 2,3–4). Sooft Rudi an Marias Untreue denkt, muß er sich auch Marias Bedürfnisse vor Augen halten. Statt sich darauf zu beschränken, wie ihr Verhalten ihm geschadet hat (ichbezogenes Denken), muß er bewußt über die Probleme nachdenken, die Maria selbst betreffen (sich um ihr Wohl kümmern).

Das ist schwierig. Wir sind Fachleute dafür, die eigenen Verletzungen zu erkennen und uns vom Schmerz anderer zu distanzieren: „Sicher ist sie verletzt – aber ich? Sie hat mir wehgetan!“

Wie rasch aber verändert sich unser Empfinden, wenn der Ehepartner, der uns am Vormittag wehgetan hat, am Nachmittag mit heftigen Brustschmerzen ins Krankenhaus eingeliefert wird. Sobald ich den Partner nicht mehr als einen Menschen betrachte, der mir oft wehtut, sondern als Person, die selbst Schmerzen erleidet, habe ich keine Probleme damit, ein Vergehen im rechten Licht zu sehen. Plötzlich verschwindet meine Sorge um das eigene Wohl angesichts der Notwendigkeit, den Bedürfnissen des anderen zu dienen.

Dieses Wissen um die Bedürfnisse des anderen setzt den festen Entschluß, zu vergeben und zu dienen, voraus. Das Werk der Vergebung beginnt mit einer Entscheidung, darf jedoch auch die Neubewertung nicht außer acht lassen. Das wollen wir mit zwei weiteren Abbildungen verdeutlichen:

Unbiblischer Zusammenhang bestärkt falsche Bewertung des sündhaften Ereignisses

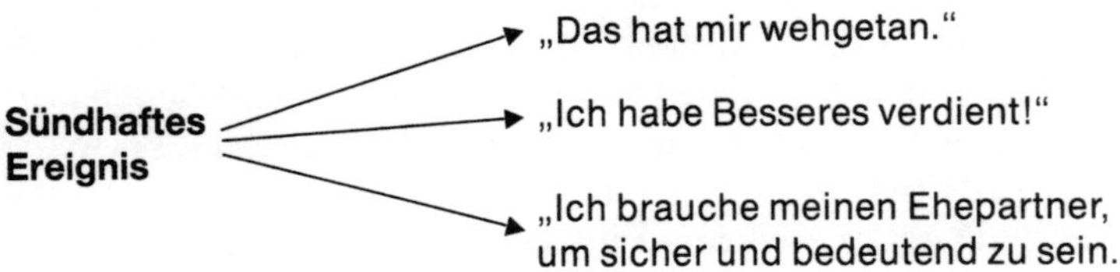

Abbildung 8

Biblischer Zusammenhang bestärkt richtige Bewertung des sündhaften Ereignisses

Abbildung 9

Schluß

Der dritte Baustein ist die Annahme. Den Partner annehmen, heißt nicht, Gefallen an allem zu haben, was er tut. Den Partner annehmen ist mehr als der konsequente Entschluß, ihm zu dienen. Annahme bedeutet mehr als die Entscheidung, ein Vergehen zu vergeben.

Wahre Annahme erfordert die Bereitschaft, verletzbar zu sein und sich selbst hinzugeben, obwohl uns das für schmerzhafte Ablehnung empfänglich macht. Um den Partner so anzunehmen, müssen wir ihm vergeben, wo immer er uns wehgetan hat. Um das Werk der Vergebung vollbringen zu können, müssen wir sogar das schlimmste Vergehen des Partners an uns als völlig bedeutungslos für unsere persönlichen Grundbedürfnisse betrachten. Durch diese Gewißheit werden wir fähig, dem Partner unbelastet zu dienen, ohne Furcht oder Zwang, obwohl er uns wehgetan haben mag. Das beinhaltet wahre Annahme.

Als wir das Ziel der dreifachen Einheit definiert (den Bauplan der Ehe) und die drei Bausteine beschrieben haben, die auf dieser Grundlage ruhen, sind viele Fragen unbeantwortet geblieben. Vor allem sind es Fragen nach den Aufgaben des einzelnen Partners, um das Ziel der Einheit zu erreichen:

Was bedeutet es, sich dem Ehemann unterzuordnen?

Bedeutet die Führerrolle des Ehemanns, daß er Entscheidungen für seine Frau treffen soll?

Wie kann man ganz praktisch eine bessere Kommunikation fördern, damit eine Frau sich geliebt und ein Mann sich geachtet fühlen?

Wie kann man die Schranken niederreißen, die zwischen zwei Menschen entstanden sind? Soll man das Problem aussprechen? Wer soll die Initiative ergreifen? Und was ist, wenn ein Partner nicht mitzieht?

Diese und andere Fragen werde ich in einem weiteren Buch behandeln.

1 Heute halten viele Menschen alle Ereignisse für neutral. Sie glauben, ein Ereignis werde nur durch unsere Einstellung zu ihm angenehm oder unangenehm. Damit würden wir allerdings in einer bedeutungsleeren Welt ohne sinnvolle Moral leben. Für den Christen ist dieser Gedanke nicht annehmbar. In unserer Welt, die geschaffen ist und regiert wird von einem persönlichen Gott mit ganz bestimmten Wesenszügen, sind alle Ereignisse, die in Einklang mit seinem Wesen stehen, gut, und alle

Geschehnisse, die seinem Charakter widersprechen, schlecht. Eine Liebestat ist angenehm, weil Gott Liebe ist. Haß ist unangenehm, weil er Gottes Wesen entgegensteht.

2 *Die Last des andern* (Basel und Gießen: Brunnen Verlag 1984) und *Basic Principles of Biblical Counseling* (Grand Rapids: Zondervan 1975)

3 Oft gelingt es uns nicht, zwischen gerechtem und ungerechtem Zorn zu unterscheiden. Wenn ein rücksichtsloser Autofahrer beim Einparken meinen Kotflügel beschädigt, bin ich wahrscheinlich zornig. Gelingt es mir aber, mir trotz meines beschädigten Autos mein Ziel vor Augen zu halten, den Herrn zu ehren,werde ich von meinem Zorn nicht verzehrt oder beherrscht. Mein Zorn entsteht daraus, daß ein legitimer Wunsch (ein unbeschädigtes Auto zu haben) blockiert ist. Ganz sicher wird meine Enttäuschung von Zorn gefärbt sein. Solange es aber mein Ziel bleibt, Gott zu gefallen und nicht Rache zu üben, ist mein Zorn gerecht. Meines Erachtens ist Zorn nicht Sünde, solange er den Zielen Gottes nicht im Wege steht.

4 Hier sollte ich vielleicht auf eines hinweisen: Nagende Erinnerungen an ein nervenzerrüttendes Ereignis, die sich vor allem um das Thema der Rache drehen, sind oft ein Selbstschutzmechanismus, um das unangenehme Ereignis selbst zu verdecken und den Schmerz nicht zu empfinden, den es hervorbringt. Es ist weniger unangenehm, zornig zu sein als verletzt zu sein.

Vom selben Autor:

Lawrence J. Crabb

Die Last des andern

Biblische Seelsorge als Aufgabe der Gemeinde
192 Seiten, ABCteam-Paperback Nr. 348

Das Bedürfnis nach psychotherapeutischer Beratung wird auch unter Christen immer stärker. Wo aber findet man den Therapeuten, der helfen kann, ohne den Glauben außer acht zu lassen?

Beratung – seelsorgerliche Beratung – gehört in den Rahmen der Gemeinde, meint der Autor. Er will Mut machen, „die Last des andern" zu tragen. Dazu muß man allerdings wissen, wie diese Last entstanden ist.

„Nicht immer hat die Stimme Amerikas in Sachen Seelsorge so hell und klar geklungen wie in dem neuen Buch von Lawrence J. Crabb. Der Entwurf einer bibel- und gemeindeorientierten Seelsorge ist aus mehr als einem Grund bemerkenswert. Crabb ermittelt verständnisvoll die Probleme des Ratsuchenden, erprobt sorgfältig die Hilfen der Psychotherapie, erforscht engagiert das biblische Wort, ermahnt den Selbstsicheren freundlich und ermuntert den Verunsicherten sachlich."

Prof. Dr. Werner Jentsch

„Für die Praxis des Seelsorgers, aber auch für jeden engagierten Christen gibt der Verfasser Einblick in die Persönlichkeitsstruktur, in Problementstehung und -verlauf und zeigt das klare Ziel einer christozentrischen Seelsorge auf. Anhand leicht praktizierbarer Modelle werden Einstiegsmöglichkeiten und helfende Lernschritte auf drei verschiedenen Schwierigkeitsebenen in enger Verbindung zur Bibel vermittelt."

Pfarrer Walter Wanner

Vom selben Autor:

Lawrence J. Crabb/Dan B. Allender

Dem andern Mut machen

Seelsorge im täglichen Miteinander
140 Seiten, ABCteam-Paperback Nr. 376

Die Lieder waren schön, die Predigt gut, Freunde und Bekannte hat man lächelnd begrüßt – und geht doch traurig und bedrückt nach Hause.

Ein Einzelfall? Auch Christen verstecken sich immer wieder hinter Masken. Angst vor Bloßstellung, Kritik oder Zurückweisung sind der Grund. Die Folge: Echte, offene Gemeinschaft im biblischen Sinn wird unmöglich – man verkümmert innerlich.

Persönliche Begegnung und Ermutigung ist notwendig, sie wird in der Bibel ganz großgeschrieben. Was aber ist damit gemeint, und wie sieht sie praktisch aus?

Die Autoren, erfahrene Fachleute auf dem Gebiet biblischer Seelsorge, begnügen sich nicht mit oberflächlichen Tips und gutgemeinten Ratschlägen. Auf biblischer und psychologischer Grundlage beschreiben sie zunächst menschliche Grundbedürfnisse. Mit geübtem Scharfblick durchleuchten sie das Spiel persönlicher Schutz- und Abwehrmechanismen. Schließlich weisen sie Wege echter, mutmachender zwischenmenschlicher Begegnung.

Brunnen-Verlag · Basel und Gießen

Brunnen-Bücher helfen leben:

Don Baker/Emery Nester

Zurück ins Leben

Die Geschichte einer Depression
176 Seiten, ABCteam-Paperback Nr. 374

„Die Station 7E war mir wohlvertraut... Sie war typisch für eine Abteilung einer psychiatrischen Klinik. Wie oft war ich schon an solchen Orten gewesen und hatte Menschen besucht, die an psychischen Störungen litten... Und jedesmal hatte ich mich dabei unwohl gefühlt. Diesmal jedoch empfand ich nackte Furcht... Denn wieder einmal wurde ich durch die stillen Gänge der Station 7E geführt; doch dieses Mal nicht als Pastor – sondern als Patient."

So beginnt der sehr persönliche Bericht über eine lange, schwere Depression. Die dumpfe Grübelei, die langsame Isolation, der Zusammenbruch, die Einweisung ins Krankenhaus, die Ängste und Selbstanklagen und die Sehnsucht nach dem fernen Gott – Don Baker berichtet offen, ehrlich, sachlich. In zahllosen Gesprächen mit Emery Nester, Freund, Pastor wie er und außerdem Psychologe, tastet er sich Schritt für Schritt durch seine Dunkelheit. Bis er eines Tages wieder herausfindet – zurück ins Leben.

Ein Buch, in dem Depressive sich wiederfinden können. Ein Buch, das ihnen und auch den Menschen um sie her helfen will, Mut zu fassen, nicht aufzugeben. Aber auch ein Buch, das über den Einzelfall hinausweist: In einem zweiten Teil erarbeitet Emery Nester einige Grundlagen zum Thema Depression und zeigt Wege der Hilfe.

Brunnen-Verlag · Basel und Gießen